SPICKZETTEL FÜR LEHRER

CARL-AUER

Reinhard Winter

Jungen fördern in der Schule

2018

Reihe »Spickzettel für Lehrer«, Band 20
hrsg. von Christa Hubrig
Reihengestaltung: Uwe Göbel
Umschlag und Satz: Heinrich Eiermann
Printed in Germany
Druck und Bindung: Kösel, Krugzell

MIX Papier aus verantwortungsvollen Quellen FSC® C013736
Klimaneutral Druckprodukt ClimatePartner.com/12027-1807-1001

Erste Auflage, 2018
ISBN 978-3-8497-0248-9 (Printausgabe)
ISBN 978-3-8497-8164-4 (ePub)
ISBN 978-3-8497-8165-1 (PDF)

Bibliografische Information Der Deutschen Nationalbibliothek:
Die Deutsche Nationalbibliothek verzeichnet diese Publikation
in der Deutschen Nationalbibliografie; detaillierte bibliografische
Daten sind im Internet über http://dnb.d-nb.de abrufbar.

Informationen zu unserem gesamten Programm, unseren Autoren
und zum Verlag finden Sie unter: www.carl-auer.de.

Wenn Sie Interesse an unseren monatlichen Nachrichten aus
der Vangerowstraße haben, abonnieren Sie den Newsletter
unter http://www.carl-auer.de/newsletter.

Carl-Auer Verlag GmbH
Vangerowstraße 14 • 69115 Heidelberg
Tel. +49 6221 6438-0 • Fax +49 6221 6438-22
info@carl-auer.de

CARL-AUER

Spickzettel für Lehrer – systemisch Schule machen

»Hast du einen Spickzettel?« Diese Frage kennen wir noch aus der Schulzeit, aus der Schülerperspektive, wenn es darum ging, sich auf Prüfungen und Klassenarbeiten vorzubereiten. Wechseln wir die Rolle und Perspektive und stellen uns auf die andere Seite des Klassenzimmers, auf der die »Wissenden«, d. h. die Lehrer, stehen. Schnell wird deutlich: Bei aller Erfahrung gibt es doch erhebliche »Wissenslücken« im Umgang mit schwierigen Situationen, ob sie nun das Lernen selbst, die Schule als Organisation oder die Beziehungen und das Verhalten der Beteiligten betreffen.

Systemisch orientierte Pädagogen können sich hier ruhig und entspannt zurücklehnen, wohl wissend, dass sie selbst »Fragende« sind – Fragende bezüglich passender Antworten auf die sich stets wandelnden und neu entstehenden Konfliktfelder in der Organisation Schule, zwischen Schülern und Lehrern, zwischen Schule und Eltern und auch mit dem politischen Umfeld von Schule.

Aus systemischer Sicht sind Schwierigkeiten immer mit Lernchancen verbunden. Wo der Blick vom Problem auf die Lösung wechselt, wo man statt hinderlicher Defizite hilfreiche Ressourcen ins Auge fasst, kommt auch die Haltung in Bewegung. Ein gut platzierter Unterschied zieht dann oft viele positive Änderungen nach sich.

Die Bücher dieser Reihe wollen Einladungen sein, sich auf diese andere Sichtweise einzulassen. Sie sollen Lehrern, Erziehern und Schulleitern Methoden und Strategien zum täglichen Handeln anbieten, die Ihnen die Arbeit – und im besten Fall: das Leben – leichter machen. Sie sind auch Rezepte, die man ausprobieren und mit eigenen Zutaten verfeinern kann.

Ich wünsche Ihnen viel Spaß beim Lesen, Erfahren und Ausprobieren!

Dr. Christa Hubrig
Herausgeberin der Reihe Spickzettel für Lehrer

Inhalt

Einleitung

Jungen und Schule? Hier scheinen sich Medien, Lehrkräfte, Eltern und Jungen einig zu sein: ein schwieriges, ja fast trostloses Thema: »Jungen sind Bildungsverlierer«; »Jungen werden in der Schule benachteiligt«; »Jungen haben es schwer, Mädchen starten durch«; »Schlaue Mädchen, dumme Jungen«. Schlagzeilen wie diese entwickelten sich allmählich zu Gemeinplätzen und trugen zu einem Stimmungsumschwung bei: Jungen gelten mittlerweile pauschal als Bildungsverlierer. Beim Thema Jungen überwiegt heute die Problemperspektive: Von Männlichkeitsbildern über die Lesekompetenz bis zu Schulabschlüssen, vom Sozialverhalten über Medienkonsum bis zu Kriminalität, Gewalt, übergriffiger Sexualität oder riskanten Verhaltensweisen – das Männliche scheint stets an ein Problem gekettet zu sein.

Plötzlich sind »die« Jungen, also alle, problematisch. Dass Jungen in der Schule in einigen wesentlichen Fächern und auch insgesamt im Durchschnitt schlechter abschneiden als Mädchen, ist bekannt. So gesehen sind Jungen im Geschlechtervergleich in der Schule tatsächlich im Nachteil. Der Skandal besteht darin, dass die

Missverhältnisse pauschalisiert und den Jungen selbst zugeschanzt werden und dass in den Schulen meist nichts gezielt unternommen wird (abgesehen davon, sich über die schlimmen Jungen zu beklagen).

Das ständige Problematisieren zeigt Wirkung und erreicht auch die Jungen, die Zuschreibung der »Bildungsverlierer« ist bei ihnen angekommen. Bereits im Grundschulalter verfestigt sich bei Jungen selbst die Meinung, sie seien schlechtere Schüler und die Erwachsenen sähen das genauso. Scheinbar stimmt das ja auch, wie etwa die PISA-Studien belegen. Nur: Untersuchungen haben gezeigt, dass Jungen besonders dann schlechtere Noten als Mädchen erzielen, wenn sie die Information erhalten, dass Jungen nicht so gute Schüler seien. Umgekehrt verbessert sich ihre Leistung, wenn man vor Tests betont, Jungen und Mädchen könnten gleichermaßen gute Noten schreiben (Hartley a. Sutton 2013). Vorurteile können zu sich selbst erfüllenden Vorhersagen werden und somit die Ursache für schlechtere Leistungen sein, nicht das Ergebnis.

Hinzu kommt, dass die Erwachsenenwelt den Jungen oft keinen Horizont aufzeigen kann, wie ihr Männliches gelingen könnte und wofür sie später als Männer gebraucht würden. Gleichzeitig sind Jungen umgeben von klassischen Männlichkeitsbotschaften über Macht, Stärke und Grandiosität. Wie kann das zu den Problemjungen passen? Allein vor dem Hintergrund dieser Spannung betrachtet ist es offensichtlich, dass es für Jungen nicht einfach sein kann, männlich zu sein.

Jungen in ihrem Männlichwerden und -sein zu unterstützen ist Aufgabe aller Erziehenden, auch und gerade der Schule. Davon, dass diese Aufgabe erfüllt wird, ist wenig zu sehen. Nach über 30 Jahren Fachdiskussionen über Jungen und Jungenpädagogik ist es erstaunlich, wie wenig davon in der pädagogischen Praxis erkennbar ist. Immer wieder zeigt man sich dort überrascht, was für eine Bedeutung die Arbeit mit Jungen hat und dass man darauf konzeptionell reagieren müsste. In nur wenigen Schulen arbeiten die Lehrkräfte jungenbezogen reflektiert und mit diesbezüglich ordentlicher Qualität – abhängig von eher zufälligen personellen Ressourcen, Interessen und individuellen Vorlieben. Oft wird schon ein Bedarf an Jungenpädagogik geleugnet oder nach dem Motto »Wir behandeln alle gleich« unterschlagen.

Schule ist ein komplexes und kompliziertes Zusammenwirken von Schülern mit ihren Bedürfnissen, dem Unterricht, der Beziehung zu Lehrkräften und zu Gleichaltrigen und im Hintergrund noch der Beziehungen der Eltern miteinander. In diesem *Spickzettel* wird das notwendige Wissen für Lehrkräfte konzentriert dargestellt. Auftrag und Aufgabe der Eltern sind anders gelagert und werden hier nicht vertieft (siehe dazu Winter 2018).

Perspektivenwechsel

Der beschriebene Zustand muss nicht verwundern – bleiben doch Jungenthemen in der fachlichen Ausbildung von Lehrkräften nach wie vor völlig randständig. Oft ist das Wenige, was angeboten wird, nicht auf dem Stand der Diskussion oder bewegt sich an der Peripherie von Genderdiskussionen, die mit der Wirklichkeit nur wenig zu tun haben. So werden auch heute noch Lehrerinnen und Lehrer auf Jungen losgelassen, ohne dass sie dafür fachlich qualifiziert sind und sich mit sich als Mann bzw. Frau in Bezug auf die Arbeit mit dieser Zielgruppe auseinandergesetzt haben. Jungen haben dementsprechend für ihr Männlichsein von der Schule eher wenig zu erwarten.

Indem Lehrkräfte den Jungen das Prädikat »männlich« aufstempeln, versuchen sie, sich selbst zu entlasten: Jungen machen oder haben Probleme? Das hat doch mit mir nichts zu tun! Aber das Gegenteil ist der Fall: Schwierigkeiten von und mit Jungen sind auch hausgemacht, weil die Schule nicht proaktiv gestaltet oder rechtzeitig und qualifiziert auf Jungenverhalten reagiert. Sie fährt hier im selben Zug wie Jungen, die sich auf Floskeln ausruhen: »Ich bin halt faul«; »Ich bin ein Junge, ich kann kein Deutsch«; »Ich bin männlich und deshalb Bildungsverlierer«. Ähnlich tönt es aus der Schule: »Jungen sind so, wir können da nichts machen.« Wer diese Haltung vertritt, klopft Missverhältnisse fest, statt sie zu verändern.

Allerdings gibt es auch gute Nachrichten: Es ist an vielen Stellen möglich, die Situation aktiv zu verändern und die Lage von Jungen zu verbessern. Anstelle des alarmistischen Krisengeredes wäre es angebracht, mehr über Potenziale der Schule und die Verbesserungsmöglichkeiten für Jungen zu sprechen. Das bedeutet, dass man die damit zusammenhängende Verantwortung tatsächlich übernimmt. Lehrerinnen und Lehrer sind Profis fürs Lernen. Sie müssen die Herausforderungen durch Jungen nicht fürchten, sondern annehmen. Sie können es meistern, die Situation von Jungen in der Schule zu verändern.

Viele Lehrkräfte fragen sich ja, wie sie gut oder noch besser mit Jungen umgehen können. Darum geht es in diesem *Spickzettel* zu Jungen, Jungenförderung und Jungenbildung. Um es aber gleich und ehrlich vorweg zu sagen: Es gibt keine Didaktik, die alle Jungen fesselt, keine Methoden, von denen alle Jungen gebannt sind, und keine schnellen Tricks, wie man mit Jungen fertig wird. Jungenbildung zielt deshalb auf eine verbesserte Qualität der Schulpädagogik, vor allem durch Qualifizierung von Lehrerinnen und Lehrern.

Durch die Lektüre dieses Buches bekommen Sie Einblicke ins Männliche der Jungen und können sie verstehen. Sie verbessern Ihre Beziehung zu Jungen und Ihr Handeln mit ihnen. Sie gewinnen an Professionalität und können besser differenzieren. Sie erzielen bessere Ergebnisse, gewinnen mehr Freude am Unterricht mit Jungen und empfinden mehr berufliche Zufriedenheit.

1 Jungen in der Schule: Szenen und Themen

Wendet man den Blick auf Jungen in der Schule, werden bestimmte Themen und Schwierigkeiten immer wieder genannt. Solche Häufungen belegen einerseits, dass dies mit dem Männlichsein der Jungen zu tun hat, und andererseits, dass es nicht individuelle, sondern Gruppenprobleme der Jungen sind, die sich selbstverständlich auch bei vielen einzelnen Jungen zeigen.

Ihre schlechteren Noten- und Versetzungsstatistiken sind dabei nur das Ende einer Schulgeschichte, die sich in zahlreiche Einzelaspekte aufspaltet. Sicher ist, dass es nicht *das eine* Jungenproblem gibt, das sich mit dem entsprechenden Handwerkszeug zügig eliminieren ließe. Wer solchen schlichten Argumenten – wie z. B. die »Verweiblichung« der Schule sei der Grund allen Übels – folgt, wird mit Jungen nicht weit kommen. In der Breite der Wahrnehmungen wird deutlich, dass es sich um eine multifaktorielle Ursachen- und Problemlage handelt. Schnelle und einfache Lösungen sind nicht zu erwarten.

1.1 Typische Szenen

In jeder Schule lassen sich »typische« Szenen beobachten (aber auch sehr viele untypische!). In Gesprächen mit Jungen, Lehrkräften und Eltern kommen Themen zur Sprache, die sich häufen und dabei helfen, Probleme von Jungen mit der Schule zu erschließen. Solche Geschichten prägen unser Denken und wirken wieder auf die Jungen zurück. *Nähern wir uns der Wahrnehmung von Jungen in der Schule mit einer Übung:*

Assoziationsübung – »Kind A und Kind B im Vergleich«

Kind A ist im Unterricht ruhig, aufmerksam und konzentriert, passt auf, beteiligt sich, ist rücksichtsvoll, freundlich zu den Lehrkräften, kooperativ mit anderen Kindern und löst Konflikte verbal.

Kind B dagegen verhält sich im Unterricht unruhig und stört, ist frech, laut, vergisst Hausaufgaben oder Schulsachen. Bei Konflikten mit anderen Kindern wird es schnell laut und heftig, es kommt auch mal zum Körpereinsatz.

Welches Geschlecht würden Sie diesen fiktiven Kindern zuschreiben? Was denken Sie: Welches Kind unterrichten Lehrkräfte lieber? Und woher kommen Ihre Assoziationstendenzen?

Die folgenden Beschreibungen und Beobachtungen zeigen, woran es bei den Jungen hängt, aber auch, was gehen kann, wenn man eine Beziehung zu ihnen aufbaut, sie versteht und erreicht. Hier sind nur einige der typisch-untypischen Beispiele[1] aus Schulen:

Bei einem Projekttag zum Jungenthema lautet die Aufgabe: Die Jungen sollen eine Reihe mit ihren Namensschildern bilden zu der Frage, wer in der Klasse von den Lehrerinnen und Lehrern am meisten Aufmerksamkeit bekommt und wer am wenigsten. Das Ergebnis: Auffällige und eher leistungsschwache Jungen werden stark beachtet; die drei leistungsstärksten Jungen erhalten dagegen am wenigsten Aufmerksamkeit, werden aber von den anderen Jungen kritisiert und »gedisst«. Dies ist ein typisches Ergebnis, sowohl für das Lehrer-, wie fürs Peer-Verhalten. Es besteht dringender Handlungsbedarf.

Frau Mehlmann kommt nach der Pause ins Klassenzimmer, es geht nur mäßig turbulent zu, das war hier schon anders, hat sich aber allmählich entwickelt. Die meisten Jungen sitzen an ihren Tischen, Sebastian

1 Alle Namen und Beispiele in diesem Text wurden verändert und anonymisiert, deshalb sind etwaige Ähnlichkeiten mit realen Personen oder Situationen nur zufällig.

setzt sich gleich hin, als er die Lehrerin reinkommen sieht. Mirko steht auf dem Tisch und demonstriert Posing-Stellungen; ein paar Mädchen und Jungen schauen ihm zu, kichern, schielen aber auch zu Frau Mehlmann: Was wird sie tun? Sie sagt laut und deutlich »Guten Morgen«, nimmt Blickkontakt mit den sitzenden Schülern auf, die zu ihr schauen, bemerkt dabei Raoul und sagt zu ihm: »Wieder gesund? Schön, dass du wieder da bist!«, und dann zu allen gerichtet: »Gut, fangen wir an«, und mit einem ganz kurzen Blick zu Mirko: »Setz dich hin.« Mirko setzt sich, der Unterricht beginnt.

In einem Workshop mit Jungen aus einer siebten Klasse beschweren sie sich bitter über ihre Musiklehrerin, bei der sie ständig den Unterricht stören und regelrecht Randale machen: »Wir sind ihr egal, die interessiert sich überhaupt nicht für uns. Die merkt es nicht mal, wenn sich einer im Schrank versteckt, die macht einfach ihren langweiligen Unterricht, egal, ob einer zuhört oder nicht.«

Eine Lehrerin erzählt von ihrer Erfolgsgeschichte mit der »schrecklichen 7b«, einer schlimmen Klasse, die in der ganzen Schule regelrecht verschrien ist. Sie kannte die vielen Jungen und wenigen Mädchen in dieser Klasse bisher nur vom Hörensagen, aber irgendwie fand sie es interessant, dass das halbe Lehrerzimmer ständig über diese Klasse sprach. Sie bekommt die 7b als Klassenlehrerin mitten im Schuljahr, weil die bisherige Lehrkraft pensioniert wurde. Am Anfang muss sie viel investieren, sie nutzt die Klassenlehrerstunde, arbeitet phasenweise geschlechtergetrennt in »Jungen-« und »Mädchenkonferenzen«. Dann wieder teilt sie die Klasse in zwei Gruppen, sie bezieht die Eltern mit ein und vermittelt ihnen: Wir können es nur gemeinsam schaffen. Immer wieder entstehen gute Kontaktmomente, es zeigt sich, dass doch auch einige stabile, mitarbeitswillige Jungen dabei sind – auf sie stützt sie sich. Sie berät die Eltern eines ganz schwierigen Jungen und veranlasst, dass diese eine Familientherapie beginnen. Insgesamt war dies harte Arbeit, in der sie sich auch emotional zeigt, wenn sie sich freut, weil etwas gelingt, oder ärgert, wenn alles aus den Fugen gerät. Allmählich bilden sich Ansätze von Bindung und Gemeinschaft. Als Belohnung gibt es ein erlebnispädagogisches Projekt mit Übernachtung im Freien. Immer stärker entwickeln sich dann Kontakte, Beziehungen zur Lehrerin, und auch das Gefüge unter den Schülern verändert sich und wird besser. Nach einem guten Jahr hat sie das Gefühl, dass sie jetzt »über den Berg« sind.

Jede dieser Facetten aus dem Schulalltag mit Jungen enthält eine allgemeine und eine geschlechterspezifische Seite. Dabei werden Schwierigkeiten sowohl *von* Jungen, als auch *mit* Jungen erkennbar. Gleichermaßen zeigen sich Bedürfnisse und Notwendigkeiten, die in der Arbeit mit Jungen im Schulalltag berücksichtigt werden wollen.

1.2 Typisch! Schwierigkeiten von und mit Jungen in der Schule

Probleme von und mit Jungen in der Schule sind nicht angeboren und auf dem Y-Chromosom gespeichert, sondern sie entstehen und werden gemacht. Auch wenn Jungen problematisches Verhalten zeigen, sind sie dafür nur bedingt verantwortlich, denn sie werden geprägt von

Erwachsenen, mit denen sie umgeben sind, von anderen Jungen, von Medien und kommerziellen Produkten.

Es gibt keine typischen Schwierigkeiten, die bei allen Jungen vorkommen. Allerdings zeigt sich eine ganze Reihe von Problemen in Bezug auf Jungen in der Schule, die gehäuft auftreten, die von Jungen und von Eltern oder Lehrkräften oft geschildert werden und die mir in der Arbeit in Schulen immer wieder auffallen und die den Lehrkräften und Jungen das Leben in der Schule schwer machen:

- Eltern und Jungen beklagen häufig den offensichtlichen und mittlerweile fast schon sprichwörtlichen Männermangel in den Schulen und vermuten, dass sich dahinter ein Teil der Ursachen verbirgt, die zu Schwierigkeiten für Jungen in der Schule führen
- Vielen Lehrkräften fällt dagegen zuerst die Unruhe ein, die viele Jungen ausstrahlen, ihr Bewegungsdrang und ihr Handeln-Wollen, dass sie etwa im Computerraum sofort loslegen und schnell aktiv werden – und dass Schule auf die dahinterliegende Bedürfnisse keine Antworten hat, außer die Idee, die körperliche Aktivität in den Sportunterricht zu verlagern und ansonsten den

Jungen das Ausleben ihres Bewegungsdrangs weitgehend zu verbieten.

- Auch normabweichendes Verhalten wird mit Jungen assoziiert – von Störungen im Unterricht bis zu Regelverstößen. Die Lehrkräfte werten dies nicht als normales Handeln, sondern legen es den Jungen als Bösartigkeit aus, was die Beziehung zu ihnen stört.
- Zum Klagelied in Schulen zählt zudem die Lust vieler Jungen am Rangeln und Raufen, am auch körperlichen Messen, am Wettstreit in unzähligen Disziplinen, am Prahlen mit Wissen und Kompetenzen. Die meisten sehen darin nur eine Störung und bezeichnen jede Form von Aggression undifferenziert als Gewalt. Deshalb bieten die Schulen keine Räume an, in denen Schüler ihre Spaßkämpfe spielerisch ausleben können, sondern verhängen Generalverbote: »Kein Raufen auf dem Schulhof«; »Rennen verboten«; »Werfen verboten«; »Ballspiele verboten«.
- Im Vergleich mit Mädchen ist aber auch das Wohlbefinden vieler Jungen in der Schule schlechter: Sie gehen nicht so gern hin, manche fühlen sich nicht sicher, wieder andere langweilen sich in der Schule.

- Vielen Jungen fehlt bei den Lehrkräften die Prägnanz, sie erleben die Schule als diffus, weil Lehrkräfte einen Nebel verbreiten, der sie verwirrt. Stattdessen brauchen Jungen klare, persönliche Autorität: mit einer nahen Beziehung zu Jungen, mit gutem Kontakt und Interesse an ihnen – Lehrkräfte, die sich behaupten und die Regeln durchsetzen können.
- Jungen zeigen ihr Bedürfnis nach Beziehung zu den Lehrkräften, nach positiver Autorität, auch in Konflikten und Formen der Abgrenzung. Viele Lehrerinnen und Lehrer reagieren darauf allergisch abweisend mit Beziehungsabbruch, sie bezeichnen dies als respektlos und wünschen sich »anständige«, harmonische Lehrkraft-Schüler-Beziehungen. Beziehungsabbrüche lassen das Interesse von Jungen an der Schule sinken, sie sind weniger gebunden und entfremden sich von der Schule.
- Männlichkeitsausdrücke und -experimente von Jungen werden in der Schule überaus kritisch wahrgenommen und kommentiert. »Kleine Macker«, »Machos«, »Paschas«, die mit Männlichkeit protzen und nur Dominanzstreben zeigen. Männlichkeitskritik ist

sicher notwendig, aber solange sie ohne Alternativen bleibt, sind Jungen auf schlichte Angebote aus Medien und Kommerz angewiesen. Symptomatisch ist auch die Frage: Wäre es vorstellbar, dass mit ähnlichen Begriffen über Mädchen geredet wird, die sich weiblich geben (z. B. »Tussis«, »aufgetakelt«, »Püppchen«)? Wohl kaum.

- Vor allem Jungen nehmen Lehrkräfte oft so wahr, dass diese alle Jungen »über einen Kamm scheren«, dass zu viel von »den« Jungen gesprochen wird (im Sinne von: alle Jungen), dies gerne auch in einer Gegenüberstellung zu Mädchen. Dadurch übt man auf verschiedene Jungen mit unterschiedlichen Bedürfnissen und Verhaltensweisen einen homogenisierenden Druck aus. Vor allem die eher leisen Jungen oder Opferseiten von Jungen werden dabei übersehen. Auch gelingendes Verhalten »schwieriger« Jungen wird übergangen – überspitzt gesagt: Die Jungen sind immer alle gleich!
- An vielen Stellen zeigen sich erschreckende Tendenzen der Schulentfremdung bei Jungen, die sich in der Schule nicht »abgeholt« oder auch »als Jungen« angesprochen fühlen. Die Schule bekommt oft ein schlechtes Image,

weil Jungen wenige oder keine positiven Anschlüsse finden (z. B. Sport, Toberaum, Percussion, männliche Lehrkräfte, engagierte Väter). Ihre Schulentfremdung und das schlechte Image der Schule liegen teils an Lehrerinnen und Lehrern, die Jungenbedürfnisse zu wenig berücksichtigen. Viele Jungen können die Schule nicht ausreichend als ihren Raum wahrnehmen, in dem auch Dinge, die sie beschäftigen, genügend Platz bekommen. Der Kern solcher Probleme liegt dabei nicht darin, wie Jungen (häufig) »sind«, sondern wie sie werden, wie sie sich in einer insgesamt unbefriedigenden Lage tendenziell entwickeln. Problematisch wirkt sich vor allem aus, dass die Bedürfnisse von Jungen offenbar zu wenig gesehen oder unpassend beantwortet werden.

Ausschlaggebend ist, wie Lehrerinnen und Lehrer mit Jungen umgehen, sie haben den Joker in der Hand. Genau betrachtet ähneln sich nämlich die Bedürfnisse von Jungen und Lehrkräften. Lehrer möchten Jungen unterrichten, ohne zu kollabieren, sie wollen, dass sie ordentliche Abschlüsse hinbekommen und dass es während der Schulzeiten wenig Stress gibt. Die meisten Jungen wollen das auch. Im Unterschied zu den Jungen können sich die

Lehrkräfte ihre Bedürfnisse in der Regel bewusst machen. Jungen dagegen können es oft kaum benennen, dass sie mehr Klarheit, Männlichkeitsbildung oder ein akzentuierteres autoritatives Verhalten von den Lehrkräften brauchen. Dies wahrzunehmen und auf geeignete Weise ins Beziehungsspiel zu bringen ist ein wesentlicher Teil der Professionalität von Schulen.

2 Was Jungen männlich macht

Unter »Jungen« verstehen wir allgemein Menschen, die sich in Kindheit oder Jugend befinden und die dem männlichen Geschlecht angehören. Hier wird es allerdings kompliziert, denn die Schublade »männlich« ist groß, alles Mögliche lässt sich darin aufbewahren, und an den Rändern wird es schnell unscharf. Früher dachte man sich die Geschlechter enger und dabei klar voneinander getrennt, heute überschneidet sich vieles.

Pragmatisch handelt es sich dann um Jungen, wenn männliches Körpergeschlecht, psychisches Geschlecht (Identität) und soziales Geschlecht übereinstimmen. Fachlich gesprochen sind dies »Cis-Jungen« (in Abgrenzung z. B. zu trans- oder intersexuellen Jungen; Sigusch 2013, S. 244). Weil weder das körperliche noch das soziale oder psychische Geschlecht eindeutig auf signifikante Faktoren reduzierbar sind (etwa genetisch XY oder sozial ein dauerhaft dominantes Verhalten), braucht es darin eine Relativierung. Für den Alltagsgebrauch genügt: eine relativ hohe und sichere Übereinstimmung von körperlichem, psychischem und sozialem männlichen Geschlecht.

Geschlechter sind relational, also aufeinander bezogen – meist in Abgrenzung: Jungen sind so, Mädchen sind anders. Das entspricht kaum der Realität – zumindest, wenn man es mit einigermaßen ungetrübtem Blick betrachtet. Geschlechter sind eher relativ unterschiedlich, also die Jungen sind eher so, die Mädchen tendenziell so – aber es gibt immer Überschneidungen. Dementsprechend gibt es nur Weniges, bei dem Mädchen und Jungen sich wirklich krass unterscheiden (z. B. die Genitale oder die späteren reproduktiven Fähigkeiten).

2.1 Alle verschieden oder alle gleich?

Auch das Männlichsein ist bereits von Natur aus vielschichtig angelegt und formt sich dementsprechend aus. Es wird von vielen Seiten geprägt oder beeinflusst. Wie es sich entwickelt und ausbildet, hängt von zahlreichen Faktoren ab: Jungen unterscheiden sich etwa in ihrem Charakter oder Temperament, nach ihrer familiären Herkunft, Schicht und Lebenslagen, in ihren sexuellen Orientierungen, in ethnischen, nationalen oder religiösen Bezügen, in ihren Vorstellungen über Männlichkeit usw. Das spiegelt sich auch in der Einschätzung der

Lehrkräfte. Auf einer Achse zwischen den Polen »Jungen sind alle total typisch« und »Jeder Junge ist individuell völlig anders« positionieren sich Lehrerinnen und Lehrer gehäuft im mittleren Bereich (nach der Gauß'schen Normalverteilung).

Es ist nicht sinnvoll, über »die« Jungen zu sprechen, also Jungen zu homogenisieren. Homogenisierung verstärkt stereotype Sichtweisen und auch die Orientierung der Jungen an scheinbar gleichem Männlichsein untereinander.

Dass es z. B. Jungen gibt, denen es in der Schule gut geht, oder solche, die teils sehr gute Leistungen bringen, wird durch die pauschale Sichtweise, durch die Dramatisierung der Jungenthematik genauso verdeckt wie die Tatsache, dass es ein großes Mittelfeld gibt, wo Leistungen und Verhalten z. B. mal konform, dann wieder unangepasst sein können, die ganz normalen Wechselwählerjungen also.

Erziehung und Pädagogik müssen nicht nur das Individuelle beachten, sondern können auch gruppenbezogene Perspektiven einnehmen, etwa nach Interessenslagen, Altersphasen, Leistungsständen – und eben auch nach

Geschlechtern. Neben ihrer Individualität ist es in jeder Lebenswelt bei den allermeisten Kindern und Jugendlichen ja ohne Weiteres möglich, sie in ihrem Geschlecht zu identifizieren. Trotz aller Unterschiedlichkeit gibt es Aspekte, Tendenzen und Häufungen, die viele Jungen gemeinsam haben.

So lässt sich erkennen, dass Jungen doch auch eine Gruppe darstellen, und es darin wieder Untergruppen gibt, die als solche gesehen werden wollen und müssen. Für solche Häufungen im Geschlechtlichen sind drei Einflussfelder verantwortlich:

- Sie sind körperlich angelegt oder inspiriert (Maccoby 2000; Bischof-Köhler 2011), wobei das Körperliche wechselwirksam mit Geschlechterbildern und der Individualität bzw. der geschlechtlichen Identität verknüpft ist (Schmitz 2009);
- sie werden über frühe Bindungen, Prägungen und soziale Erfahrungen psychisch verankert, sind dadurch im individuellen Selbstverständnis repräsentiert (Dammasch 2009); und
- sie hängen mit Geschlechterbildern und -erwartungen zusammen, bei Jungen insbesondere mit Vorstellungen

über das Männliche und konkreten Männlichkeitsbildern (Gilmore 1991).

Das Männliche des Jungen speist sich aus diesen drei Quellen (ausführlich beschrieben in Winter 2014). Innerhalb dieser Einflüsse zeigen sich teils enorme Unterschiede. Ein hoher Testosteronspiegel zum Beispiel kann bei einem Jungen zum Kampfinteresse führen, weshalb er gerne rauft oder eine Sportlerkarriere anstrebt, während der andere mit derselben Hormonmenge im Blut körperliche Impulse besänftigt und sich zur Leseratte, zum Videokünstler oder zum Musiker entwickelt; auch kann der soziale Auftrag, männlich zu sein, in verschiedenen sozialen Milieus unterschiedlich, ja sogar widersprüchlich gestellt werden usw.

2.2 Häufungen und Tendenzen

Das Ergebnis sind Bandbreiten und Variationen des Männlichen. Innerhalb davon finden sich aber durchaus Themen und Aspekte, welche die Jungen »als Jungen« verbinden – Fragestellungen, die von Jungen geklärt werden wollen und müssen. Wie dies geschieht, ist wiederum höchst unterschiedlich, manchen gelingt es besser und sozialverträglich, anderen weniger. Auch hier löst letztlich wieder der subjektive Blick auf einzelne Jungen das Problem, ohne dabei zu verschweigen, dass es eben einzelne Jungen (und nicht Mädchen, nicht Männer) sind, die man betrachtet.

Bei aller Vielfalt finden sich an vielen Stellen Häufungen und Tendenzen, wenn wir Jungen betrachten oder Geschlechtergruppen vergleichen. Im Geschlechtlichen – körperlich, psychisch, sozial – liegt die Erklärung dafür, warum dies so ist. Häufig gilt: Bei jedem einzelnen Jungen könnte es zwar auch anders sein; aber die Wahrscheinlichkeit, dass das Thema etwas mit ihm zu tun hat, ist deshalb relativ hoch, weil er ein Junge ist.

Tendenziell sind Jungen beispielsweise untereinander oft über Konkurrenz oder über gemeinsame Aufgaben in Beziehung. Zudem sind viele Jungen an Statusthemen interessiert, an Fragen der Positionierung in ihrer Geschlechtergruppe. Und im Allgemeinen setzen sich Jungen mit sozialen Themen der Männlichkeit auseinander und sind daran interessiert.

Auch strukturell gibt es Unterschiede und entsprechende Auswirkungen. So werden Jungen in den Erziehungsinstitutionen nur wenig mit Fachkräften ihres eigenen Geschlechts versorgt; vielen Jungen fehlen in ihrer Kindheit und Jugend vielseitige Erfahrungen mit realen Männern, was sich auf ihr männliches Selbstverständnis auswirkt.

Die Kunst, mit solchen Tendenzen umzugehen, besteht darin, offen wahrzunehmen und das Geschlecht nicht ständig neu zuzuschreiben (nach dem Muster: »*alle* Jungen sind *immer* so!«). Das ist schädlich, und vermittelt normativ: »Jungen *sollen* auch so sein!« Im Kontakt mit Jungen hilfreicher ist die unbefangene Wahrnehmung: *Wie* ist *der* Junge männlich, mit dem ich es gerade zu tun habe? In der pädagogischen Arbeit mit Jungen müssen diese widersprüchlichen Strebungen integriert werden: Das Geschlechtliche von Jungen sollte weder dramatisiert noch bagatellisiert werden.

3 Zielhorizont der Jungenbildung in der Schule

Wohin soll's mit dem Männlichsein der Jungen gehen? Auf Grundlage der Fachlichkeit von Lehrkräften und vor dem Hintergrund der Schwierigkeiten von Jungen lassen sich Ziele ableiten, die den Jungen in der Schule mehr Resonanz und Erfolg ermöglichen.

Als pädagogische Orientierung wird in der »Jungenbildung« nach einem pädagogischen Umgang mit dem Männlichen der Jungen gesucht, der

- die Vielfalt der Jungen wahrnehmen und spiegeln kann,
- ihre »männlichen« Bedürfnisse aufgreift und dem Männlichen Resonanz geben kann (z. B. Bewegung, Handeln, Status, Konfrontation, Aufgabenbeziehung Autorität …),
- aber gleichermaßen das Männliche erweitern und weiter entwickeln hilft – über Anregung, Information, Orientierung und auch Begrenzung.

Ein wesentliches Ziel der Jungenförderung in der Schule bezieht sich auf die Verbesserung der Geschlechtergerechtigkeit: Bessere Bildungsabschlüsse für Jungen, mehr Wohlbefinden für Jungen in der Schule, bessere Beziehungswelten für Jungen, erweiterte Männlichkeitsbilder, die den Jungen kein Bein stellen. Mit entscheidend dafür ist es, (auch) männliche Bedürfnisse von Jungen zu kennen, sie im Alltag zu entschlüsseln und passende Antworten anbieten zu können.

Eine subjektivierte Geschlechtersichtweise unterstützt diese Absicht: Was brauchen Jungen (alle, die meisten)? Was nützt einzelnen Jungen (und anderen nicht)? Wo und wie unterscheiden sich die Bedürfnisse von Jungen? Welche pädagogischen Antworten auf ihre Bedürfnisse brauchen Jungen?

Ob Lehrkräfte oder eine Schule (auch) gut auf Jungen hin orientiert sind, lässt sich an verschiedenen Merkmalen oder Kriterien erkennen:

- Gibt es ein pädagogisches Konzept, in dem erkennbar wird, dass und wie man auf Jungen zugeht, und welche Werte werden vertreten und gelebt? In der Konzeption sollte erkennbar werden, wie Jungen in ihrem Männlichsein gefördert werden und wie die Schule das Ziel verfolgt, Männlichkeitsbildung umzusetzen.
- Wie ist die Art und Qualität der Beziehungen zwischen Jungen und Lehrkräften mit einem deutlich autoritati-

ven Akzent, gleichermaßen nah und eindeutig?

- Wie ist die Art und Qualität der Beziehungen zwischen Jungen, Mädchen und anderen Jungen und an erkennbaren und erfolgreichen Bemühungen von Lehrkräften und Schule, diese Gleichaltrigenbeziehungen zu würdigen und zu fördern?
- Elternarbeit bezieht sich explizit auch auf Väter, die ausdrücklich eingeladen werden; es entwickelt sich eine Kultur der Väterarbeit.
- Lehrkräfte und Schule ermöglichen spielerische, selbstbehauptende Kämpfe derjenigen Jungen, die das möchten (Spaßkämpfe, assertive Aggression). Gleichzeitig stellen sich alle offensiv gegen alle Formen der Gewalt.
- Bei bewegten und handlungsorientierten Formen des Lernens werden Unterschiede unter Jungen und die Vielfalt des Männlichen bei Jungen berücksichtigt und betont; Männlichsein wird nicht stereotypisiert.

4 Ansätze und Interventionen – sieben Vorschläge

Eine Erziehungs- und Bildungsaufgabe von Schule ist es, dafür zu sorgen, dass den Jungen ihr späteres Mannsein gelingt und sie es zufrieden ausleben können. Tatsächlich gilt hierbei allerdings nach wie vor das Motto »Selbst ist der Mann«. Denn Jungen werden mit ihrem Männlichwerden und -sein alleine gelassen, weil Lehrerinnen, Lehrer und andere Erwachsene die Jungen nicht angemessen begleiten.

Für eine Veränderung und Verbesserung der schulischen Praxis mit Jungen ist es notwendig, Jungen in ihrem Männlichen zu verstehen und daraus abgeleitet die Pädagogik zu modifizieren. Weil Jungen unterschiedlich sind und weil Erziehung und auch Schule immer auch eine Zumutung, ein Ärgernis sind, kann es keine ausgesprochene »Jungenschule« geben, die alle Bedürfnisse befriedigt. Das ist gut so, denn Standardisierungen führen auch zu stereotypen Erwartungen. Dennoch ist es notwendig, die Bedürfnislagen von Jungen in der Schule stärker zu berücksichtigen.

Der Wandel der Geschlechter und die Situation von

Jungen in der Schule sind zwei große Themen, die sich nicht mit simplen Rezepten oder mit Schlagwörtern wie »Jungen wieder Jungen sein lassen« bewältigen lassen. Es ist so wenig hilfreich wie einfach, von »der Politik« zu fordern, sie müsse sich endlich um Jungen kümmern oder mehr Männer ins Lehramt bringen, weil kein Mensch weiß, wie das geht. Solche schlichten Veränderungsvorschläge beruhen meist auf eindimensionalen Vorannahmen oder Verschwörungstheorien (Der böse Feminismus bekämpft das gute Männliche im Jungen! Das schlimme Gender-Mainstreaming verbietet uns das Geschlecht!). So etwas taugt für Diskussionen auf Stammtischniveau, aber nicht als Grundlage für Jungenbildung. Sicher ist auch: Mit drei Bewegungsübungen für den Unterricht, einem Ball und zwei Pedalos auf dem Schulhof ist es nicht getan.

Bringen wir es auf den Punkt, dann geht es um den Kern von Schule: Es geht um die Beziehungen zwischen Junge und Lehrkraft, um Haltungen und Konzepte, weniger um didaktische Kniffe oder organisatorische Fragen, mehr um die Einstellung der Lehrkräfte, die in ihrem Verhalten erkennbar wird.

Sieben naheliegende Vorschläge für Ansätze und Interventionen sollten für eine jungengerechtere Schule stärker berücksichtigt werden:

1. Beziehung zwischen Lehrkraft und Junge
2. Mitmischen bei den Beziehungen der Jungen
3. Den männlichen Körper einbeziehen
4. Männlichkeitsbilder und Visionen des Männlichen
5. Den Männermangel abfedern
6. Das Spiel mit den Grenzen: anomisches Verhalten
7. Kämpfen im Guten: Assertive Aggression

4.1 Beziehung zwischen Lehrkraft und Junge

Die pädagogische Beziehung zwischen Lehrkraft und Schülern hat entscheidenden Einfluss auf das Lernen, die Entwicklung und auch auf die Leistungen. Dennoch wird ihr fachlich nur ein vergleichsweise geringer Stellenwert beigemessen. In der Beziehung der Lehrkraft zu jedem einzelnen Jungen und zu den Jungen als Gruppe liegt ein wesentlicher Faktor für deren Entwicklung.

Viele Lehrkräfte hätten Jungen gerne anders, als sie sind. Es ist vielleicht bitter, aber sie können die Jungen nicht ändern. Deshalb bleibt – neben der Option des Erduldens bis zum Burnout – nur die Möglichkeit, sich selbst, die eigene Haltung und Einstellung, den Kontakt oder das Verhalten zu verändern und darauf zu vertrauen, dass dies den Jungen hilft, sich zu bilden und sich weiterzuentwickeln.

Das Geschlecht der Lehrer ist zunächst eher nebensächlich. Jungen wünschen sich Lehrkräfte, denen eine gute Beziehung zu ihnen wichtig ist, die emotional ansprechbar und gerecht sind und über die Fähigkeit verfügen, Sachverhalte gut vermitteln zu können (Baar u. a. 2012, S. 118). Für eine gute Beziehung zu Jungen kommt es dabei auch darauf an, dass sich Lehrkräfte auf tendenzielle Denkstile oder spezielle Lernbedürfnisse von Jungen einstellen – eine Form des Respekts ihnen gegenüber. Wer sich Jungen gegenüber respektvoll verhält, tut sich leichter damit, von ihnen auch Respekt einzufordern.

Ob es im Denk- und Lernstil tatsächlich Unterschiede zwischen Mädchen und Jungen gibt, ist umstritten. Es gibt kaum belastbare Studien, und es wird viel spekuliert. Aber Lehrkräfte sind im Unterricht ja ohnehin häufig auf Versuch und Irrtum angewiesen, weil sich die Schüler erheblich voneinander unterscheiden – dann können sie ja auch mit *möglichen* Unterschieden experimentieren.

Wie könnte man im Unterricht mehr (auch) auf Jungen eingehen?

(Es geht um Tendenzen – es gibt große Bandbreiten unter Jungen!)

- Inhalte erkennen und anbieten, die (auch) Jungen interessieren. Vorsicht Stereotypengefahr: Es muss nicht in jedem Text ein Auto versteckt sein und in jeder Matheaufgabe Fußball vorkommen!
- Interesse am Jungen entwickeln und zeigen, auch wenn er sich für so verquere Dinge wie Computerspiele oder den FC-Bayern begeistert – nachfragen: Was machst du da, was genau fasziniert dich daran? Oder auch bei absurden Vorschlägen und Ideen: Wie kommst du denn darauf?
- Beim Tempo im Unterricht bevorzugen Jungen oft eine höhere Schlagzahl, eine Thematik soll nicht allzu ausführlich »durchgekaut« werden; meint ein Tempojunge, die Sache kapiert zu haben (was nicht so sein muss), soll es weitergehen – er braucht neuen Stoff, sonst fühlt er sich gelangweilt.
- Der Denkstil von Jungen ist oft eher »funktional« angelegt, d. h. Funktionen sind interessant: Was kann man damit machen? Was bewirkt eine Sache? (Im Gegensatz zu prädikativ: Eigenschaften beschreiben, wie ist der Gegenstand?) Wirkungsbeziehungen und Prozesse sind interessant, auch in Bezug auf Bildung und Wissen: Wozu kann ich das gebrauchen, was ich hier lernen soll?

Die Atmosphäre in einer Klasse und damit auch das Lernen hängen stark ab von der Lehrperson und ihrer Art, Beziehungen zu gestalten. Eine wesentliche Qualität dieser Beziehung liegt in der pädagogischen Autorität (Reichenbach 2011). Manche Lehrkräfte neigen dazu, ihre Autorität zu verschleiern oder gar abzulehnen. Damit verweigern sie sich den Jungen, die erkennbare Führungsqualitäten wünschen. Auf solche Diffusionen reagieren Jungen: indem sie Erwachsene nicht ernst nehmen und erst recht deren Autorität herausfordern. Andererseits brennen Lehrerinnen und Lehrer aus, die sich überfordern, indem sie ihre Klassen nicht durch klares Führen selbst arbeitsfähig machen; die Ursache für Burnout liegt oft darin, dass Lehrkräfte zu wenig klar sind oder zu lieb sein wollen. Dann werden vor allem Jungen anstrengend – insbesondere, wenn sie Autorität im Sinne von Unterstützung, Halt und Orientierung einfordern, sie aber nicht erfahren.

Verhalten und Probleme der Jungen in der Schule beinhalten auch Anfragen und Appelle an die Rolle der Erwachsenen, mit denen sie es zu tun haben. Es ist unvermeidlich: Lehrerinnen und Lehrer sind fürs Lernen verantwortlich und müssen in ihren Klassen eine Führungsrolle einnehmen. Diese Beziehungsqualität entsteht im persönlichen Kontakt (es ist also keine Macht- oder Amtsautorität, es geht nicht um Disziplin und Unterordnung).

Beziehungen sind immer auch individuell und situativ verschieden, gleichzeitig sind sie geschlechtsbezogen gefärbt. Lehrkräfte verhalten sich gegenüber Schülern auch unterschiedlich – je nachdem, ob sie es mit einem Jungen oder einem Mädchen zu tun haben –, weil sie auf deren unterschiedliche Beziehungsbedürfnisse eingehen. Jungen sind im Durchschnitt stärker auf Autorität angewiesen als Mädchen, sie suchen, gestalten und erfahren darin auch ihr Geschlecht (dazu ausführlich: Winter 2017). Ihr Männlichsein fordert Autorität stärker ein – kulturell aufgeladen findet sich dies im »Kampf der Söhne gegen die Väter«. Hinzu kommen die Statusinteressen und Rangbestimmungen von Jungen, Bilder dominanter Männlichkeit und körperliche Einflüsse.

Klare Kommunikation

Zu lange Ansprachen, Wiederholungsschleifen, zu viele Wörter und Sätze, statt klarer Konfrontation der Jungen, wenn's drauf ankommt: Dies bewirkt, dass Jungen nur Rauschen hören und nicht entschlüsseln können, was eigentlich gespielt wird. Und dass sie häufig abschalten, wenn es besser wäre, genau hinzuhören. Besonders in der Statuskommunikation, im Konfliktmodus lassen zu viele Worte in der Wahrnehmung von Jungen die Szenerie verschwimmen. Lehrkräfte können üben, ihre Botschaften verständlich zu vermitteln, z. B. in (maximal) Sieben-Wort-Sätzen (»Pack sofort die Trinkflasche weg«).

Besonders in unsicheren Phasen, etwa zu Beginn eines Schuljahres, nach den Ferien oder einem Klassenwechsel, sind Jungen auf eine markantere Führung der Lehrkraft angewiesen. Auch während der Pubertät brauchen sie aus Mangel an Vernunft und innerem Halt mehr Autorität. Jenseits von temporären Schwankungen ist Autorität aber ein generelles Bedürfnis, das Jungen Halt bietet, durch den sie sich entwickeln können. Die Fähigkeit, sich angemessen zu verhalten, erwerben Jungen insbesondere über die Erfahrung in tragfähigen und klaren Autoritätsbeziehungen im gemeinsamen Alltag, wo die Autorität beständig hergestellt und erneuert wird: Autorität wird »gemacht«, die Lehrkraft »hat« sie also nicht, sondern sie entsteht kontinuierlich in ihrem Tun.

Umgekehrt bringt sich die Lehrkraft auch mit ihrem

Frau- oder Mannsein in die Beziehung zum Jungen ein. Männer werden vielleicht rigide oder autoritär, weil sie das mit »männlich« assoziieren; Frauen denken möglicherweise, autoritatives Verhalten vertrage sich nicht gut mit ihrem Weiblichsein und verhalten sich deshalb zu fürsorglich oder vermeiden klare Konfrontation. Und Jungen reagieren ihrerseits auf Geschlechter: Manche akzeptieren z. B. Autorität bei einer Frau weniger als bei einem Mann, andere werden gerade von Männern dazu gereizt, deren Autorität zu hinterfragen oder zu attackieren. Gegenüber weiblichen Lehrkräften können Jungen aber auch versuchen, sich als »Kavaliere« darzustellen; sie wollen damit die Lehrerinnen unterstützen oder ihnen gefallen – was diese überfordern kann, weil die Beziehung zu den Jungen dann intimer, fast erotisch wird (Ley 2012, S. 125).

Praktische Jungenbildung als Beziehungsgeschehen

- Ohne Lenkung und Führung geht in der Jungenbildung wenig. Klare Führung und ein ausgeprägt autoritativer Stil helfen mit, Jungen zu bilden und in ihrer Geschlechtlichkeit zu fördern. Dies verlangt von Lehrkräften, dass sie Beziehungen zu den Jungen proaktiv aufbauen, halten und pflegen.

- Disziplinprobleme sind eine Form, wie Schüler autoritative Antworten einfordern. Wenn Jungen Konflikte provozieren und sich zu behaupten versuchen, transportiert ihr Verhalten nebenbei Beziehungswünsche oder -anträge an die Lehrkräfte: Jungen verlangen akzentuierte Führungsstärke. Solche Lehrkräfte werden geachtet und anerkannt (»Kumpelhaftigkeit« dagegen wird eher nicht ernst genommen).
- Das Interesse an Konfliktbeziehungen missverstehen viele Lehrer, sie interpretieren sie als Angriff oder soziale Inkompetenz der Jungen. Für die Jungenbildung gilt: Konfliktbeziehungen sind auch Beziehungen!
- Hinter der Wahrnehmung von »Unverschämtheiten« oder »Respektlosigkeiten« durch Jungen können auch Missverständnisse stecken – etwa der Versuch, die Arbeit der Lehrer zu unterstützen (Technik bedienen, Licht ein- oder ausschalten, Jalousien öffnen oder schließen; Ley 2012, S. 125).
- Es empfiehlt sich, auch kleinere Beziehungsstörungen ernst zu nehmen und zu versuchen, sie mit Jungen in

SPICKZETTEL FÜR LEHRER

Carl Auer

Schlau spickt gut!

CARL-AUER

Detlef Scholz
Die Kunst des unglücklichen Lehrens • Eine Anleitung in neun Schritten
110 Seiten, Kt, 2018 • € 9,95
ISBN 978-3-8497-0222-9

Gewaltbereite Schüler, Integrationsprobleme, überlastete Lehrer – Dieser Spickzettel scheint nicht zum Ernst der Lage zu passen. Aber im Gegenteil: Detlef Scholz lehrt Lehrer systemische Ressourcenaktivierung: Perspektiven zu wechseln, Rollen zu tauschen, andere Sichtweisen anzunehmen.

Stephanie Harkcom
Unterrichtsstörungen meistern • Reframing im Klassenzimmer
91 Seiten, Kt, 2017 • € 9,95
ISBN 978-3-8497-0199-4

„Das innovative Moment des Ansatzes liegt darin, kurzfristige Veränderungen in den Interaktionsmustern zwischen sich und den Störenden herbeizuführen. Es geht darum, die Perspektive, durch die man eine Störung wahrnimmt, zu drehen."

A. Sommer, amazon.d

der Beziehung zu klären; verfahrene Beziehungen vor allem zu Alpha-Jungen in der Klasse können Wellen schlagen und sich auf andere Jungen übertragen – möglichst keine Kritik vor Gleichaltrigen und schon gar keine Beschämung.

- Bei Schwierigkeiten mit Jungen hilft oft das Konzept, den Kontakt und die Beziehung zu verstärken, statt sie beziehungsmäßig kaltzustellen.
- Auch das Schulleben außerhalb des Unterrichts dient der Beziehungspflege: Kontakte auf dem Schulhof, den Gängen oder beim Essen in der Mensa.

Beim Ausflug sollen die Jungen feste Schuhe und eine Regenjacke mitbringen. Sven, der Nörgler und Außenseiter der Klasse, kommt in Turnschuhen und ohne Regenschutz. Später frischt es auf und beginnt zu regnen. Halb ärgerlich, halb triumphierend und strafend schaut der Klassenlehrer Sven an. Er sagt nichts, aber es ist klar, was er denkt.

Josef, der Praktikant, fühlt mit Sven mit, der sich nun verloren und unterlegen vorkommt. Josef verhält sich spontan »unpädagogisch« und nimmt Kontakt auf:

Er kramt in seinem Rucksack, holt seinen Windbreaker heraus, gibt ihn Sven und hilft ihm, ihn überzustreifen. Dabei bleiben die beiden zurück, sie gehen mit Abstand zu den anderen weiter, reden über dies und das. Und plötzlich beginnt Sven zu erzählen: über seine Lage zu Hause, sein Befinden in der Gruppe, sein bisheriges Leben. Auch Josef teilt sich mit. Seit dieser Situation kann Josef von Sven verlangen, was er will: Sven macht mit, hilft und strengt sich an.

Die Beziehungsautorität der Lehrkraft wirkt nicht nur zwischen ihr und den Schülern, sie strahlt auch auf die Beziehungen der Jungen untereinander und die Peer-Gruppendynamik aus. Jungen reagieren auf Autorität auch in der Art, wie sie Hierarchien bilden. Dabei wirkt sich gute Autorität in den Peers positiv darauf aus, wie die Jungen miteinander umgehen. Nach meiner Erfahrung führt mangelhafte Autorität dazu, dass sich unter Jungen eine harte, abwertende und hierarchische »Urhordenkultur« entfaltet (wie in dem Buch bzw. Film »Herr der Fliegen«). Durch gute, horizontale Autorität nehmen Lehrkräfte also auf die Beziehungen von Jungen untereinander Einfluss. Damit ist es aber noch nicht getan.

4.2 Mitmischen bei den Beziehungen der Jungen

Ihre Geschlechtsgenossen sind für Jungen in der Lebenswelt Schule eine maßgebliche Größe. In der Schulklasse wollen Jungen von den Gleichaltrigen, vor allem von anderen Jungen anerkannt und akzeptiert werden. Das ist zunächst ein allgemeines Geschehen, aber geschlechtlich ist Maskulinität die Währung, mit der in der Peer-Gruppe Anerkennung und Ablehnung verhandelt werden. Jungen sind davon tendenziell in ihren schulischen Erfolgen betroffen, die Jungengruppe kann sich sehr negativ auf das Lernverhalten auswirken. Das ist in der Schule seit Langem bekannt; skandalös ist, dass man nicht einmal versucht, etwas dagegen zu unternehmen, geschweige denn, dass Peer-Beziehungen während der Pubertät ein Standardthema in der Schule werden würden, wie es sinnvoll wäre.

Werden die Peer-Beziehungen nicht auch aktiv von der Schule mitgestaltet, dominieren hier die Normen der Gleichaltrigengruppe, die im Gegenzug schulische Normen bekämpft. Ein Problem der Peer-Gruppen ist ihre Idee von Männlichkeit. Sie führt zu Jungenproblemen wie der geringeren Leistungsbereitschaft, der falschen Selbsteinschätzung oder besser gesagt: der Selbstüberschätzung von Jungen. Wegen Männlichkeitsbildern gelangen sie zu der bequemen und falschen Idee, sie müssten sich nicht anstrengen, um später erfolgreich zu sein. Gleichaltrige unterstreichen dies nach Kräften, sie vermitteln: Sich anzustrengen ist uncool (dagegen haben fleißige Mädchen keine sozialen Nachteile zu befürchten).

Partnerübung: Schattenlaufen
A läuft in lockerem Tempo voraus, B folgt nach.
A macht alle möglichen Übungen, die B möglichst zeitgleich als »Schatten« imitiert: Seitschritte im Wechsel, in die Hocke gehen, hochspringen usw. Dann wechseln die Rollen.

Einstellungen, die in der Gruppe der Gleichaltrigen vorherrschen, formen das Image der Schule (mit). Dabei ist in Jungen-Peers öfter eine ablehnende Haltung gegenüber den Erwartungen der Schule angesagt. Verhaltensanforderungen der Schule, die sich an Ein- bzw. Unterordnung orientieren, sind in vielen Jungenkulturen nicht erstrebenswert. Die Ablehnung schulischer Anforderungen und Regeln, das Auflehnen gegen Schule sind Formen der Inszenierung von Männlichkeit, die Prestigegewinn versprechen und bei der Abgrenzung gegenüber den »braven« Mädchen nützen. Fleiß, Mühe und Anstrengung werden abgewertet. Viele Jungen haben die Sorge, bei guten Leistungen (von anderen Jungen) als »Streber« ausgegrenzt zu werden, was zum »Underachievement« führen kann – dass Jungen also unter den Leistungen bleiben, zu denen sie eigentlich fähig wären (Stamm 2009).

Beziehungen unter Jungen durch praktische Jungenbildung verbessern

Jungenbildung zielt immer auch auf eine Verbesserung der Beziehung von Jungen untereinander. Die Methoden und Interventionen sind dabei außerordentlich vielfältig. Schon eine kleine Aufwärmübung und ihre Auswertung führen dazu, dass Jungen anders in Kontakt kommen, dass sich ihre Beziehung vertieft. In der Jungenpädagogik versucht man, die Beziehungen der Jungen immer wieder aktiv mitzugestalten und zu vertiefen. Dies ist vor allem in Anfangsphasen bedeutsam; die Autorität der Lehrkraft bestimmt darüber auch Stil und Kultur in der Klasse mit. Und wenn nicht? Dann entscheiden darüber besonders gern die starken Jungen.

Übung: Partnerinterview
Ein Partnerinterview, bei ungeübten Jungen mit einem vorgegebenen Fragenkatalog, weckt das Interesse aneinander. Wenn die Jungs sich danach gegenseitig mit interessanten Aspekten vorstellen, bringt das die Gruppe ins Schwingen.

- Zahlreiche Spiele und Übungen – für einzelne Jungen, Jungenpaare, -kleingruppen oder für alle Jungen – haben einen Selbstwert und -zweck; sie sind durch ihre Kontaktchancen aber immer auch Beziehungsförderer für die Jungen untereinander.
- Auch in Konflikten unter Jungen entwickeln und entfalten sich Jungenbeziehungen und Beziehungskompetenzen von Jungen weiter! Lehrkräfte sollten für offene Konflikte dankbar sein und diese wenn nötig (mit) moderieren.
- Teamaufgaben mit Ernstfall-Charakter fordern die Jungen heraus, provozieren Beziehungsklärungen unter Jungen und führen im Erfolgsfall zum gemeinsamen Stolz: z. B. die einzelnen Gänge für ein Klassenessen

planen und zubereiten; die Anreise für eine Exkursion organisieren …

- Wenn Lehrkräfte Lernpartnerschaften unter Jungen initiieren, unterstreichen sie das Aufeinander-angewiesen-Sein, fördern fürsorgliche Seiten unter Jungen und mobilisieren Verständnis füreinander.
- Der Auftrag, sich einen erarbeiteten Inhalt gegenseitig zu vermitteln und sich ehrlich Rückmeldung zu geben, trägt dazu bei, die Kompetenzseiten der Jungen zu zeigen, und fördert gleichzeitig unter Jungen die Fähigkeit, sich in andere einzufühlen.

4.3 Den männlichen Körper einbeziehen

Das Männliche eines Jungen ist auch ein körperliches Merkmal, sein Geschlecht ist im Körper von der ersten Zellteilung an verankert. Als kulturelle und soziale Wesen stellt sich bei Menschen immer die Frage nach der Bedeutung des Körperlichen oder nach dem Spannungsverhältnis zwischen Natur und Kultur. Männlichsein ist keine von der Natur getrennte »kulturelle Erfindung«. Wer nur soziale Einflüsse und psychische Konstellationen betrachtet, unterschlägt die Ergebnisse der Hormon-

und Hirnforschung. Wer sich nur für das Wirken der Hormone interessiert, erklärt noch lange nicht, warum ausgerechnet Jungen bei Beleidigungen mit Testosteron überschwemmt werden.

Viele Jungen spüren und erleben sich gut über ihren Körper. Die Erwartungen an Jungen im Bildungssystem sind aber meist vernunftorientiert und richten sich ans Gehirn. Der restliche Körper mit seinen Bedürfnissen soll hintanstehen. Zu vielen Jungen passt das nicht! Sie wünschen sich Bewegung, sind lebhaft und werden bei einem Mangel an Körpererlebnissen unruhig.

Übung: »Sich aus der Balance bringen«
Die Partner stehen sich nah gegenüber, etwa eine Fußlänge voneinander entfernt, die Füße stehen parallel und sind geschlossen. Die Aufgabe lautet, dass jeder versucht, den anderen aus der Balance zu bringen; Berührungspunkte sind aber nur die Handflächen. Es funktioniert, indem sich die Teilnehmer mit den Handflächen wegschubsen, das Gegenüber darf einen »Angriff« mit Gegendruck kontern, es kann aber auch die Hände nach hinten oder unten wegführen, damit der »Angreifer« aus der Balance kommt. Antäuschen und Tricksen sind erlaubt, aber: All dies darf nur über den Kontakt an den Handflächen geschehen!

Körperliche Impulse werden im biografischen Verlauf integriert; was wirkt, ist eher etwas Gelerntes als etwas, das direkt aus dem Körper kommt, bei vielen Jungen zum Beispiel: wild sein, rumtoben, Risiken eingehen, handeln, raufen, kämpfen – das alles kann Spaß machen, Begeisterung wecken und Erfolg zeigen, weil es Anerkennung von Leistung und Kompetenzen bringt und damit im Nebeneffekt den Status festigt. Solche Erscheinungen und Effekte sind jedoch immer das Ergebnis eines Zusammenspiels. Testosteron hat Auswirkungen auf Muskelaufbau, Aktivitätsniveau und Statuswünsche. Damit geschieht etwas, was sich durch die Erfahrung »einschleift«: In einer sozialen Umwelt, die stark aggressiv, hierarchisch und statusbezogen organisiert ist, werden diese Eigenschaften anders aufgenommen als in einer eher egalitären und entspannten Atmosphäre. Und gleichermaßen kann ein Junge je nach sozialer Umwelt mit diesen Eigenschaften auch mehr anfangen, er kann Nutzen daraus ziehen oder eben nicht.

Der männliche Körper hat in den vergangenen Jahrzehnten an Bedeutung gewonnen, auch bei Jungen steigt die Tendenz zur Selbstinszenierung. Die Kommerzialisierung fördert einen Dauer-Casting-Modus, der auch für

Jungen gilt: Stelle dich »männlich« dar, sei der bessere Mann – kompetenter, stärker, durchaus auch schöner im Sinne von gestählt, gepflegt, gestylt, trainiert usw. Jenseits solcher demonstrativen Männlichkeits-Körper-Klischees, die Kraft und Ästhetik herausstellen, ist die reflektierte Erfahrung in Bezug auf den eigenen männlichen Körper schwach entwickelt – dies auch deshalb, weil die Schule hier zu wenig Körperliches einbringt. Jungen bekommen nur selten nahegelegt, speziell männliches Körpererleben oder Handlungsimpulse bewusst zu reflektieren. Weil und wenn Jungen darauf aus der Erwachsenenwelt keine Resonanz erhalten, unterdrücken sie männlich-körperliche Potenziale ebenso wie auch schwierige Erfahrungen mit ihrem Körper, wie Krankheit, Überforderung oder Versagen.

So lässt sich heute bei Jungen eine eigenartige Verdeckung von Teilen ihres geschlechtsspezifisch Körperlichen ausmachen. In der Arbeit mit älteren Jungen ist erkennbar, wie interessiert sie daran sind, etwas über ihren Urogenitalbereich zu erfahren, und wie wenig sie darüber wissen, weil es ihnen nicht nahegebracht wurde (dagegen können viele den Ovarialzyklus auswendig hersagen). In Seminaren mit Studierenden fällt mir auf, wie selbstverständlich junge Frauen ihre reproduktiven Fähigkeiten – Schwangerschaft, Geburt, Stillen – als gewichtiges Element ihres Weiblichseins thematisieren, aber wie wenig junge Männer bei der gleichen Fragestellung auf die Idee kommen, dass sie zeugen können oder das Potenzial zum »Vatern« haben, und daraus einen Gewinn für ihr Männlichsein ziehen.

Mehr Körperpraxis für die Jungenbildung

Für kleine und größere körperliche Aktivitäten gibt es zahlreiche Übungen und Spiele (s. Literaturverzeichnis), einige sind in diesem *Spickzettel* beschrieben. Standardübungen kann es nicht geben: Zu unterschiedlich sind die Situationen, die Möglichkeiten in Gebäuden und draußen, die Altersphasen, die Jungen persönlich, ihre Lehrkräfte, die Fächer …

- Es ist sinnvoll, wenn sich Lehrkräfte ihr eigenes, zu sich und den Fächern passendes Übungsrepertoire anlegen. Wichtige Kriterien sind: Sie sollen den Lehrkräften selbst Spaß machen. Diese sollten von der Notwendigkeit und Wirkung überzeugt sein.
- Körperaktivitäten beziehen sich nicht nur auf den

außerunterrichtlichen Bereich, sondern meinen die ganze »bewegte Schule«, ein ganzheitlicheres Konzept des bewegten Lernens. Das gilt natürlich für alle Kinder und Jugendlichen, nicht nur für Jungen. Die Körperbedürfnisse von Jungen sind jedoch häufig anders gelagert als die der Mädchen. Interessant ist: Wie können wir in der Praxis alle bedienen und ansprechen?

- Inhaltlich gibt es bei Jungen ganz spezielle Interessen in Bezug auf den eigenen, männlichen Jungenkörper. Jungen brauchen auch Bildung in Bezug auf männliche Körperinformationen: im Urogenitalbereich, in Bezug aufs Styling (Rasur) oder auch hormonell (Nahrungsergänzung, Doping).
- Körper sind auch sexuelle Körper, dabei gibt es einen speziellen Jungenbereich (z. B. erwünschte und unerwünschte Erektionen und der Umgang damit).
- Körperbedingt sind Jungen bei der pubertären Entwicklung ein bis zwei Jahre später dran als Mädchen. Die Sexualaufklärung ist dann längst vorbei. Jungenbildung sorgt dafür, dass Sexualität als Körpererfahrung dann ein Thema wird, wenn Jungen tatsächlich sexuell aktiv werden.

Übung: Schulterschub

Dies ist eine energische Übung für zwischendurch, die Jungen über den Körper und übers Rangeln in Kontakt bringt: Die Hände sind hinter dem Rücken und halten sich dort fest. Die Spielpartner gehen an einer Schulter und dem Hals zusammen und versuchen gleichzeitig, sich gegenseitig zu destabilisieren und ihr Gegenüber vorwärts wegzuschieben. Es geht nicht darum, sich ineinander zu verkeilen. Sie sollen also immer wieder leicht zurück oder zur Seite gehen und versuchen, den Partner aus der Balance zu bringen, um dann wieder über den Schulterdruck »anzugreifen«.

4.4 Visionen des Männlichen

Viele der Schwierigkeiten von Jungen in der Schule hängen mit Männlichkeitsbildern zusammen. Diese sind aber kein unveränderliches Schicksal, denn Männlichkeit ist das, was daraus gemacht wird: auch und gerade von Lehrkräften in der Schule!

Jungen sind nicht schwierig, weil sie Jungen sind. Jungen in schwierigen Verhältnissen zeigen problematische Verhaltensformen, auch in ihrem Männlichsein. Daraus lässt sich als Faustregel ableiten: Je problematischer das gezeigte Männliche beim Jungen, desto herausfordernder seine Lebenslage.

Es kann nicht oft genug betont werden, dass das Jungesein gelingen kann und dass es auch an vielen Stellen gelingt. Nur gibt es kaum ein Vokabular dafür, wie Jungen denn »männlich« sind, wenn sie gut entwickelt und gar nicht problematisch sind. Diese Jungen, wahrscheinlich die Mehrzahl, bewältigen ihr Männlichsein angesichts der mageren Unterstützung oft erstaunlich gut. Aber auch sie brauchen bisweilen eine Anregung und Hilfestellung, sie haben geschlechtsbezogene Bildungsbedürfnisse, die sie von den zahlreichen Fachkräften, die sie umgeben, kaum befriedigt bekommen.

Der Korridor des legitimen Männlichen ist breiter geworden. Primitive Männlichkeitsvorstellungen sind in dieser Wirklichkeit zwar überholt, werden aber auch heute noch vor allem in kommerziellen Medien gerne aufgewärmt und ständig präsentiert. Und seit einiger Zeit forciert die Spielzeug- und Unterhaltungsindustrie wieder Geschlechterstereotype und formt somit stereotype Vorstellungen über Geschlechter. Diesen Männlichkeitsbildern sind Jungen nach wie vor ausgesetzt, sie müssen sich damit auseinandersetzen, sich arrangieren, positionieren und abgrenzen: keine einfache Entwicklungsaufgabe, die Jungen hier zu bewältigen haben, meist ohne Unterstützung. Und viele Fachkräfte versuchen, das Geschlecht mit der Idee zu unterschlagen, »alle gleich zu behandeln«, was aber einer empirischen Überprüfung nicht standhält.

Lehrerinnen und Lehrer behandeln Mädchen und Jungen ohnehin nicht gleich, weil diese (auch) Unterschiedliches einfordern. Deshalb sollten sie die Perspektive bewusst auf diese Gruppen richten.

Traditionelle Männlichkeitsvorstellungen bei Jungen hängen direkt mit schlechten Noten zusammen. Den höchsten Erklärwert für Schulerfolg hat die motivationale Variable der Schulentfremdung: je größer die Schulentfremdung, desto geringer der Schulerfolg (Lupatsch u. Hadjar 2011, S. 193).

Männliches Dominanzverhalten beinhaltet eine ablehnende Haltung gegenüber Schulaufgaben, Regeln, Anstrengung und Fleiß. In der Tendenz sind Jungen mit schlechten Schulnoten von der Schule entfremdet – oder sie entfremden sich *wegen* ihrer schwachen Leistungen. Jungen mit dieser Haltung stören eher den Unterricht und sind bei den sekundären Erfolgsfaktoren weniger stark: Fleiß, Ausdauer, Einstellung zum Lernen, Konzentration, Durchhaltevermögen, Selbstorganisation, Engagement für die Schule. (Wenn Mädchen der Schule gegenüber entfremdet sind, wirkt sich das dagegen nicht auf ihre Leistungen aus.) Jungen sitzen in der Männlichkeitsfalle.

Dies unterstreicht die Notwendigkeit, dass sich Lehrkräfte auch in die Männlichkeitsbildung der Jungen einmischen. Die gute Nachricht ist, dass es dafür eine erfolgversprechende Lösung gibt. Unterrichtsbeobachtungen ließen nämlich erkennen, dass gerade Jungen mit schlechten schulischen Leistungen auf Autoritäten positiv reagieren: mit einem autoritativen Stil, der engagiert, in Beziehung, aber auch strukturiert und kontrolliert ist. Solche Lehrkräfte sind an den Schülern interessiert, bei Problemen für sie da, lenken sie aber auch. Umgekehrt können rigide, autoritäre Beziehungen genauso wie permissive Unterrichtsstile bei Jungen Entfremdungsgefühle hervorrufen oder verstärken.

Jungen versuchen, den gesellschaftlichen Auftrag »Geschlecht zu sein« zu erfüllen, ohne von der Gesellschaft qualifizierte Unterstützung zu erhalten. Gerade in unübersichtlichen Geschlechterwelten brauchen Jungen aber Informationen und Orientierung, tatsächlich auch Anregungen für ihre geschlechtliche Bildung. Diese Lernwünsche beziehen sich nicht auf die Abstürze, Dramen und Notlagen männlicher Geschlechtlichkeit, die Erwachsene ständig im Blick haben, sondern auf das ganz Normale, was sie zu bewältigen und sich in den Lebenswelten anzueignen haben.

Zugehörigkeit zum Männlichen ist kein Makel, sondern funktional und meist ein Bedürfnis: Schon im Kindergarten bilden Jungen und Mädchen Gruppen, die sich am eigenen Geschlecht orientieren. Zugehörigkeit bedeutet allerdings keine Hierarchie, andere Geschlechtlichkeiten dürfen nicht abgewertet oder diskriminiert werden. Selbstverständlich ist auch Männlichkeitskritik vonnöten, besonders dort, wo Menschen unter traditionellen oder einengenden Bildern von Männlichkeit in ihren Optionen oder Potenzialen beschränkt werden oder wo solche Bilder zu sozial unverträglichen Verhaltensweisen führen. Sicher muss man problematisches Männlichkeitsverhalten von Jungen wahrnehmen und benennen! Nur sollte man nicht vergessen, dass Männliches positiv, stärkend, sozial erwünscht und tragfähig sein kann.

Schlichte Männlichkeitskritik führt zu Beziehungsstörungen und zum Ausagieren von Dominanz. Die Reduktion von Männlichkeit auf eine Figur der Hierarchiebildung (hegemoniale Männlichkeit, männlicher Habitus) gibt nur *einen* möglichen Ausschnitt wieder. Männlichkeit ausschließlich damit zu interpretieren geht an der Wirklichkeit vorbei, in der Jungen leben. Dennoch werden viele fachliche Diskurse über Männlichkeit unter diesen Vorzeichen und deshalb notwendigerweise problematisierend geführt.

Das Männliche positiv bestimmen

Geschlechtliche Bildungsbedürfnisse von Jungen brauchen eine bejahende Pädagogik. Deshalb plädiere ich für ein anderes Verständnis und andere Ausgangspunkte von Jungenbildung. Üblicherweise handelt man nach dem Problem-Reaktions-Muster, also z. B.: Jungen wollen raufen, Jungen verhalten sich disziplinlos, oh je, was kann ich *dagegen* tun? Jungenbildung heißt schon auch Intervention, setzt aber mehr bei den Bedürfnissen an und bietet den Jungen proaktiv ergänzende, erweiternde und manchmal auch neue Vorstellungen des Männlichen.

In aller Regel wollen und müssen Jungen männlich sein. Für ihre Entwicklung des Männlichen sind positive Aspekte bedeutsam, Antworten auf die Frage: Wie geht »männlich«? Jungen sind auf Orientierungen und Beschreibungen des Gelingens angewiesen – auch in der Schule; nur negative Auswüchse des Männlichen einzudämmen genügt dafür nicht. Der gesellschaftliche Auftrag an Jungen folgt nach wie vor der Devise: »Geschlechter sind wichtig, du gehörst zum männlichen, sei also männlich.« Aus der intentionalen Erziehung erhalten Jungen dafür nur wenig Substanzielles, sondern Ermahnungen und Strafen, wenn ihre Männlichkeitsexperimente als unpassend empfunden werden. Jungen fragen: »Wie geht männlich?« Als Antwort erhalten sie nur: »So nicht!«

So gesehen befinden sich Jungen in einem Vakuum, weil sie von den Erwachsenen im Umfeld nicht mit tragfähigen Elementen des Männlichen versorgt werden. Die Leerstelle wird von Gleichaltrigen und vom Kommerz gefüllt, hier bekommen Jungen Informationen zuhauf. In den auf die männlichen Zielgruppen zugeschnittenen

Medien und Filmen, in Werbung und in Spielzeugwelten ist das Männliche gut vertreten. Der Kommerz macht Angebote, ergänzt von den Informationen durch Gleichaltrige. Beides wird auch deshalb bei Jungen so gewichtig, weil Jungen unterversorgt sind (vgl. dazu Winter 2014). Dass viele Jungen dementsprechend reduzierte Bilder des Männlichen widerspiegeln, scheint fast unumgänglich.

Wenn sich die Schule nicht aktiv in die Männlichkeitsbildung von Jungen einmischt, ist dies (mit) die Ursache der Jungenprobleme.

Schule muss auch für geschlechtliche Lern- und Bewältigungsinteressen von Jungen Lösungen anbieten. In Verbindung mit Lernen und Entwicklung genügt es nicht, einen Aspekt von Männlichkeit unablässig zu kritisieren, denn die Jungen interpretieren die »männlichkeitskritische« Haltung als Depotenzierung. Angemessener ist es, Männlichkeitskonzepte zu ergänzen, wo sie lückenhaft bleiben, und sie zu erweitern, wo sie beschränkt sind und Jungen einengen.

Ein Dilemma der Lehrer liegt darin, dass für das Positiv-Männliche keine Begriffe oder Konzepte bekannt sind. Das Problem, wenig überraschend, haben auch

Jungen; einer formulierte es treffend: »Macho sein finde ich blöd. Deshalb kann ich wirklich nicht sagen, was männlich ist!« Pädagogik braucht Ziele, das gilt auch fürs Männliche. Sie zu formulieren ist eine immer wieder neu zu erledigende Aufgabe der Jungenbildung: Wie beschreiben wir das Männliche, wenn es gelingt? Wie wollen wir Jungen in ihrem Männlichsein haben? Das herauszufinden ist schwierig und geht nicht ohne Konflikte. Denn diese Intentionen sollen einerseits orientieren, andererseits aber auch nicht homogenisieren und normieren, weil dies die standardisierten Geschlechterkonzepte stabilisiert und zu Ausgrenzungen führt.

Die Aufgabe aller Fachkräfte ist es, diese Lücke zu füllen und Ideen zu entwickeln, wie sich das Männliche in der Moderne positiv umreißen lässt. Hierbei geht es nicht um ein einengendes »Leitbild Männlichkeit«, eher um einen weiten Horizont, der auch Jungen die Vielfaltsmöglichkeiten des Männlichen vermittelt. Mit zwei Ansätzen und verschiedenen Zugängen haben wir dies versucht: mit dem »Variablenmodell balanciertes Jungesein«, das mit Gegenspielern operiert und einen Rahmen für die männliche Potenzialentwicklung liefert; und mit dem Zugang über »männliche Affirmationen« (beide beschrieben in Winter 2014).

Der Gehalt von Männlichkeit wird (auch) über Glaubenssätze vermittelt, z. B. »Ein Mann muss seine Familie ernähren«, »Ein Junge weint nicht« usw. Obwohl solche Sätze nicht intentional gelehrt werden, sind sie präsent und wirksam. Ein Zugang zu erweiterten Männlichkeitskonzepten gießt Erwünscht-Männliches in solche Sätze, in »männliche Affirmationen«. Gerade in der Schule sind von Jungen ja durchaus auch Eigenschaften verlangt wie Forscher- und Pioniergeist, Beharrlichkeit, Durchsetzungsfähigkeit und -willigkeit, Fürsorglichkeit oder Respekt. Einprägsame Männersätze transportieren solche Facetten: z. B.: »Tatkraft« – er handelt; er nimmt sich was vor, packt es an und bringt es auch fertig; oder: »Verantwortung« – er fühlt sich verantwortlich und trägt Verantwortung für sich und andere, für Ziele, für Sachen. Sie zu finden, zu entwickeln oder zu formulieren ist eine offene, aber schöne Aufgabe, auch für die Schule.

Gruppenübung: »Männlichkeit und Mannsein«

Im Raum werden zwei Felder eingeteilt und evtl. durch Striche markiert. Auf der einen Seite ist der Raum für »Männlichkeit«, auf der anderen Seite der Raum fürs »Jungesein« bzw. »Mannsein«.

Nun sollen die Jungen sich auf die Männlichkeitsseite stellen. Dort reproduzieren und sammeln sie Botschaften, die ihnen kulturell mitgegeben wurden. Dies geschieht immer zu einem bestimmten Lebensfeld oder Thema, also der Mann und … Kommunikation, … sein Beruf, … sein Körper, … seine Gesundheit, … Sexualität. Gesucht wird hier nach Leitsätzen, also z. B. zum Thema Kommunikation: »Ein Mann, ein Wort«; »Männer reden, um Informationen auszutauschen« usw.; oder zum Thema Sexualität: »Sex? Klar, dreimal pro Nacht mindestens«; »möglichst viele Partnerinnen haben«; »Selbstbefriedigung brauchen nur Versager« usw. Die Leitung unterstützt die Jungen dabei, auf den Punkt zu kommen. In diesem Feld zählt der Kern der Botschaft!

Dann begeben wir uns in das Feld »Jungesein« bzw. »Mannsein«. Dort wird dann thematisiert, wie jeder das entsprechende Thema individuell sieht, oder wie es »bei mir ist«. Bei Kommunikation kann das lauten: »Ich kann ganz gut über mich reden«; »Ich erzähle gern ausführlich«; aber auch: »Ich fasse mich echt lieber kurz, ich mach nicht so viele Worte«; oder bei Sexualität (je nach Intimität in der Gruppe unterschiedlich tiefschürfend): »Ich habe noch nie richtigen Sex gehabt«; »Ich finde Sex nicht so wichtig«; »Selbstbefriedigung ist doch normal« usw.

Nach dieser Phase geht es wieder zurück zur Männlichkeit, ein neues Thema ist dran: »Der Mann und sein Beruf«, wieder formulieren die Jungen Männlichkeitssätze. Wenn es erschöpft ist, geht's rüber zum Mannsein: Was habe ich für Berufe im Blick? Wenn ich Kinder haben sollte, wie viel Prozent möchte ich dann arbeiten?

Drei bis vier Themen genügen erfahrungsgemäß. Durch den Wechsel entsteht ein Gefühl für die hohen Leitideale der Männlichkeit, den Druck, den sie ausübt, aber auch für die Freiheit, sein eigenes Männliches gestalten zu können, darin seine Position zu finden.

Und was kommt dabei raus? Auch wenn sich im Bereich »Jungesein« viele von den Männlichkeitsidealen absetzen, sind die Jungen dennoch männlich. Diese Frage stelle ich den Jungen auch, denn diese Erkenntnis ist wichtig: »Ihr habt ja auf dieser Seite viel anderes erzählt, seid ihr denn trotzdem männlich? Ja, daran besteht kein Zweifel!« Wir haben diese Übung mit sehr vielen Jungen und Männern gemacht, bisher gab es keinen, bei dem sein Junge- bzw. Mannsein den Männlichkeitsbotschaften entsprochen hat. Alle konnten die Distanz zwischen sich und den Idealisierungen feststellen – eine Erlaubnis zur Vielfalt des Männlichen.

4.5 Den Männermangel abfedern

In kaum einer Diskussion zu Jungenfragen wird auf den Hinweis verzichtet, dass den Jungen insbesondere in der früheren institutionellen Erziehung zu wenige Männer zur Verfügung stünden. Dieser richtigen Feststellung folgt dann allerdings meist die kurzschlüssige Folgerung, es fehle den Jungen deshalb an Vorbildern. Aber mit Vorbildern sind sie meist gut versorgt. Jungen brauchen Männer, um zu erleben, dass das Männliche ein weites Handlungsfeld darstellt; was ihnen dafür fehlt, sind reale Kontakte, echte Beziehungen zu ihnen. So einleuchtend dies ist, so schwierig ist die Veränderung. Voraussichtlich wird sich der Zustand in naher Zukunft nicht ändern; ein Ausgleich durch Jungenbildung ist unmöglich, allenfalls das Abfedern der negativen Auswirkungen für Jungen.

Auf die Leistungen von Jungen hat das Geschlecht der Lehrerin bzw. des Lehrers zwar keinen Einfluss; die Geschlechterverteilung beinhaltet aber Informationen, die sich vor allem in der Grundschulzeit auswirken, wenn das Image der Schule geprägt wird. Schule, vor allem die Grundschule, hat für Kinder auch eine symbolische Bedeutung, sie repräsentiert als Institution die (öffentliche) Geschlechterordnung. Die extrem geringe Zahl männlicher Grundschullehrer vermittelt, dass Schule »Frauensache« sei und demnach für Jungen als männliche Wesen nicht bedeutsam.

Jungen bilden sich schon sehr früh in Geschlechterdingen. Sie nehmen Vorstellungen, Informationen und auch Strukturen auf. Nun sind im direkten Umfeld kleinerer Jungen Männer tatsächlich Mangelware. Auch wenn sie durch Frauen gut versorgt werden – den Jungen fehlen dabei lebendige Gegenstücke zu den idealisierten und fiktiven Bildern des Männlichen. Mädchen haben es hier besser, weil sie die Weiblichkeitsidealisierungen an realen Frauen vergleichen können. Jungen haben weniger Möglichkeiten, hochgesteckte Bilder mit wirklichen Männern zu vergleichen, sie zu prüfen und dabei zu erkennen: So wichtig scheint es nicht zu sein, dem Ideal zu entsprechen. Jungen fehlt das relativierende Gegengewicht zu den Männlichkeitsidealen. Lehrer sind in Jungsaugen auch deshalb so begehrt, weil sie es ermöglichen, dass Jungen nahe Erfahrungen mit Männern machen können.

Gerade auch dann, wenn Jungen dabei feststellen, dass Männer und Frauen in vielem gar nicht so verschieden sind, sind Erfahrungen mit realen Männern nicht zu unterschätzen. Denn auch das Nichtunterscheiden ist eine elementare Erfahrung, welche die Vorstellung von Geschlechtlichkeiten prägt. Wenn keine Männer anwesend sind, können bei den Jungen Fantasien über Unterschiedlichkeiten ins Kraut schießen. Bilder und Vorstellungen, wie »die« Männer sind, werden dann vor allem unter Jungen jenseits von realen Erfahrungen kommuniziert, bestätigt und verfestigt.

Jungen brauchen Männer noch aus einem weiteren Grund. Männer können ihnen aus ihrem Geschlechtlichsein heraus Resonanz, also Antworten auf Bedürfnisse geben; darüber kann sich eine besondere Beziehungsqualität einstellen. Offenbar kann an manchen (!) Stellen ein männlicher Pädagoge aus dem geschlechtlich Gleichen heraus die Jungen verstehen und sich einfühlen in emotionale Befindlichkeiten, in biografische Themen oder in die Bewältigungsversuche der Jungen (Brandes u. a. 2015, S. 25 ff.). Aus beidem, aus dem Verstehen und Einfühlen heraus, spiegelt er die Jungen im Männlichen, er »schwingt« mit ihnen, und es entsteht geschlechtliche Resonanz.

Der Männermangel in der Schule ist ein Spiegel geschlechterbezogener Arbeitsteilung. Dies zeigt sich bei den Lehrkräften, aber auch bei den Eltern. Für das »weibliche« Image der Schule in Jungenaugen sind auch Eltern verantwortlich. Ein Blick auf die Geschlechterverteilung bei Elternabenden oder -sprechtagen genügt: Meistens sind Väter deutlich in der Minderheit. Väter sind für Jungen die Prototypen des Männlichen; ihr Desinteresse signalisiert geschlechtliche Entwertung: Schule ist fürs Männliche nicht interessant. An dieser Stelle lässt sich – anders als etwa bei der Geschlechterverteilung der Lehrkräfte – mit relativ geringem Aufwand viel erreichen: Väter müssen sich mehr ihrer Verantwortung bewusst und in der Schule aktiv werden. Gleichermaßen geht es für die Schule darum, dass Lehrkräfte sich bemühen sollten, sie stärker und besser in Schulwelten einzubinden.

Praktische Hinweise zum Abfedern

Heißt nun das Motto, um den Männermangel abzufedern, »Hauptsache Männer«? Nein! Jungen können von unreflektierten Männern durchaus das Falsche vermittelt bekommen, was sie in der Bewältigung ihres Männlichseins beeinträchtigt. An traditionellen, beschränkten Männlichkeiten orientierte und unreflektierte Männer schaden Jungen (z. B. wenn sie vermitteln, das Männliche ließe sich über riskanten Aktionismus, Dominanz oder Abwertung herstellen). Es kommt auch hier auf Geschlechterbildung und -reflexion bei den Fach-Männern an: Mit ihnen können Jungen erleben, wie Männlichsein mit Wertschätzung und Anerkennung möglich ist, wie Männliches ohne Hierarchie und Abwertung auskommt und sich aus der Persönlichkeit des Mannes speist.

Was kann man neben der notwendigen Geschlechterbildung der Fachkräfte noch unternehmen?

- Gezielt Väter ansprechen, ihnen vermitteln, dass sie wichtig und gewollt sind, sie aktiv ins Schulleben einbeziehen – es ist ein längerer Prozess, eine Väterkultur in der Schule zu etablieren!
- Männer in die Schule einladen, Männer als externe Experten engagieren – und Schule nach außen bewegen, dorthin, wo auch interessante Männer sind
- um männliche Praktikanten, Schulbegleiter oder Schulsozialarbeiter werben

- ein gutes soziales Milieu für Männer schaffen, wenn und wo sie in der Minderheitenposition sind
- männliches Leben in seiner ganzen Vielfalt auch über Medien in die Schule holen
- an Konzeption und Profil der Schule arbeiten, damit sie ein für Frauen und Männer attraktiver Arbeitsort wird und Männer anlockt
- langfristiges Engagement: mehr Jungen für den Sozial- und Bildungsbereich begeistern, z. B. (längere) Sozialpraktika für Jungen als Bildungsbestandteil aufnehmen; ehrenamtliches soziales Engagement von Jungen oder den Ansatz »soziale Jungs« fördern[2]; stattdessen die unnütze Mini-Strohfeuer-Aktion »Boysday« streichen)

Praktischer Ansatz: »Jungenkonferenzen«

Die fehlende Versorgung mit Männern in ihrem Alltag gleichen Jungen durch stärkere Beziehungen in Gleichaltrigengruppen aus, wo sie »unter Männern« sind; deshalb prägen andere Jungen informell das Männliche der Jungen.

Diese Bewältigungsform kann für die Jungenbildung genutzt werden, und zwar in »Jungenkonferenzen«: Das sind Gesprächs- und Arbeitsgruppen mit den Jungen einer Klasse. Sie finden regelmäßig statt (14-tägig oder monatlich) und werden von einem Mann geleitet (Lehrer oder Schulsozialarbeiter).

2 http://sozialejungs.de

Die Konferenzen folgen einer festen Ablaufstruktur, ihre inhaltliche Gestaltung ist offen und an den Interessen, aber auch den anstehenden Themen der Jungen ausgerichtet. Jungenkonferenzen trainieren bei Jungen unterschiedliche Kompetenzen: die Fähigkeit, über sich nachzudenken und zu sprechen, sich einzufühlen, über männliche Themen und Fragen zu reflektieren, Befindlichkeiten zu benennen, Mitgefühl und Anteilnahme zu zeigen (ausführlich in Boldt 2004).

4.6 Das Spiel mit den Grenzen: anomisches Verhalten

»Wenn im Lehrerzimmer Namen fallen von Kindern, die Schwierigkeiten machen, sind das Jungennamen – zu 80 Prozent, würde ich sagen.« *(Rektorin)*

Jungen sind an vielen Stellen darauf aus, sich den Regeln und Erwartungen in einer leichten Form zu widersetzen – z. B., indem sie »Disziplinprobleme« oder normabweichendes Verhalten zeigen und im Unterricht stören oder sich offensiv nicht an vereinbarte Regeln halten. Bei Jungen kommt dies deutlich häufiger vor als bei Mädchen, und insbesondere bei traditionell orientierten Männlichkeitsbildern scheinen folgende Verhaltensweisen dazuzugehören: »rebellisches« Benehmen, wenig Motivation, Aufgaben zu erledigen, Regeln überschreiten und Autorität hinterfragen (Morris 2008). Im normabweichenden Verhalten zeigen sie sich mal schlicht, mal durchaus kreativ, auch wenn dies pädagogische Situationen »lebendig« macht oder phasenweise verunmöglicht.

Benny, ein 9-jähriger Schüler der dritten Klasse, erzählt: »Die anderen (Jungen) sind halt alle … so ein bisschen unvernünftig; Kilian ist der einzige Vernünftige (…) Er macht auch manchmal Quatsch, aber halt nicht immer so blöd.«

Sebastian ist 13 und in der achten Klasse, ihm ist ein wichtiger Unterschied unter den Jungen aufgefallen: »Also, bei uns gibt es halt eigentlich welche, wo eher lauter sind, und die anderen, wo sich richtig anstrengen in der Schule und richtig beim Unterricht sind. Und die, wo lauter sind, kommen auch öfter zu spät.«

Fachlich kann dieses Verhalten als »anomisch« bezeichnet werden; der Begriff bezeichnet einen Zustand der sozialen Desintegration, also regel- oder normwidriges Verhalten. Als häufiges Jungenverhalten bewegt es sich eher im kleinen Rahmen, es zielt nicht auf Gewalt, Chaos oder Umsturz, sondern spielt mit dem leichten Maß und erwartet auch das Echo in Form von Begrenzungen. Auch ein Verhalten, das als störend und regelverletzend wahrgenommen wird, befindet sich ja meist noch im Rahmen relativer sozialer Verträglichkeit, auch wenn es auf das Überschreiten von Normen und Regeln zielt. Diese Formen anomischen Verhaltens beziehen sich auf eine »relative Distanz von Jungen zu sozialen Erwartungen und regelkonformem Handeln und Verhalten (Strobel-Eisele 2015, S. 189).

Praktischer Ansatz: Wenn die Schule selbst »anomisch« ist, müssen die Jungen es weniger sein (und umgekehrt: Eine statische, langweilige, entwicklungsfeindliche Schule provoziert zu anomischem, umstürzlerischem Verhalten). Anomisch wäre eine experimentelle Schule, in der ungewohnte, ja unerhörte Dinge ausprobiert werden: In der siebten und zehnten Klasse findet jeweils ein halbes Jahr keine »normale« Schule statt, sondern eine intensive Praxis- und Orientierungsphase, mit Projekten oder Praktika, mit Kontakt zu Berufswelten, Handlungsnotwendigkeiten im Natur- oder Umweltschutz oder im sozialen Bereich. Durch das ganze Schulleben hindurch werden immer wieder beeindruckende Naturerfahrungen angeboten, im Wald, auf dem Wasser oder in den Bergen. Projekte reichern das

Schulleben an: Rhythmus (Trommeln im Stomp-Stil), Videoproduktionen, Homepages erstellen, soziales Engagement.

Regelüberschreitungen sind immer auch Beziehungsanfragen. Viele Lehrkräfte beschäftigen sich bei Störungen in der Klasse aber lieber mit Regelwerken und planen Strafen, als Aspekte der Beziehung und ihrer Autorität mit einzubeziehen. Deshalb werden Statusanfragen von Jungen, die sich hinter Regelüberschreitungen verbergen, oft mit Beziehungsabbruch bestraft (»Wenn du noch einmal störst, kannst du deine Sachen packen«; »Wer sich im Sport nicht an Regeln hält, kann gleich woanders weiterhampeln«). Jungen erwarten dagegen, dass sie in Beziehung bleiben, auch wenn es kritisch wird.

Anomisches Verhalten in der Schule wird von Lehrkräften meist ausschließlich als problematisch gewertet. Aus der Jungenperspektive verbergen sich dahinter jedoch Entwicklungswünsche und -chancen, die für ein späteres Männerleben brauchbar sind: »Wer unangepasst ist und sich sozial exponiert, steht in jedem Falle im Zentrum der Aufmerksamkeit, muss sich präsentieren, auch Kritik aushalten, Stärke zeigen und Enttäuschungen verarbeiten« (Strobel-Eisele 2015, S. 186). Für die Jungen beinhalten solche Verhaltensweisen einerseits den Ausdruck von Spaß, Lebensfreude und Handlungsorientierung, sie müssen sich zeigen und die Reaktionen der Erwachsenen aushalten usw. Über Regelverletzungen erleben sich Jungen als selbstwirksam – in der Reaktion der Lehrkräfte darauf, dass sie begrenzt und gehalten sind. Nicht nur individuell, auch sozial bietet anomisches Verhalten Entwicklungschancen. Denn Regelüberschreitungen hinterfragen Normen und Erwartungen und ermöglichen darin Innovation.

Gleichwohl dürfen die Lehrkräfte Regelverstöße nicht übergehen, sie müssen hinschauen und Stellung beziehen, denn wer schweigt, stimmt zu. Auch wenn man akzeptiert, dass und warum Jungen das tun, muss man auf Regelverletzung reagieren, anomisches Verhalten will Antworten aus einer klaren Position der Autorität heraus. Ziel ist es also, dem anomischem Verhalten der Jungen aus einer wohlwollend-kritischen Haltung heraus dennoch stabil zu begegnen.

Herr Wandinger hatte einen Verdacht, dass Mattis Klassenarbeiten nachträglich ergänzt. Wieder legt Mattis die Arbeit vor, um weitere Punkte zu bekommen; aber Herr Wandinger hat den Test vorher kopiert – der

Schwindel fliegt auf. Herr Wandinger konfrontiert Mattis und verlangt ein Gespräch, benennt den Vertrauensbruch durch die Täuschung, aber auch, dass er an ihn glaubt, dass er das besser kann.

Jetzt ist Mattis dran, er verpflichtet sich, statt zu schummeln für bessere Leistungen zu schuften, und verspricht, diese Täuschungstechnik in dieser Schule nicht mehr anzuwenden. Gerade das Krisengespräch und die Enttäuschung von Herrn Wandinger erlebt er als peinlich und motivierend zugleich, es war ihm wirklich eine Lehre. Und er schätzt seinen Lehrer, weil er klar blieb und ihm die Chance gab.

Anomisches Verhalten gefällt in einem gewissen Maß auch den eher »braven«, zurückhaltenden oder ruhigen Jungen, auch sie haben Spaß daran zu sehen, wie Provokateure und Rebellen in den Ring steigen und versuchen, Lehrkräfte oder andere Erwachsene herauszufordern oder zu demontieren. Und alle fühlen sich sicher und zufrieden, wenn die Lehrerin oder der Lehrer dem standhält. Darin erwirbt die Lehrkraft Achtung und stärkt ihre Autorität.

Ein Dialog aus der Schülerberatung:
Bedürfnis nach Konsequenz und »guter« Autorität

SCHÜLER: *Die Lehrer hier sind alles Idioten.*

LEHRER: *Ärgerst du dich über sie, weil sie sich zu wenig für dich einsetzen?*

SCHÜLER: Nein. Sie stehen halt nur rum und lächeln.

LEHRER: *Aha. Damit ich es richtig verstehe: Kannst du mir ein Beispiel dafür sagen?*

SCHÜLER: Ja klar, viele. Vorgestern zum Beispiel, da hat der Semi im Unterricht voll offensichtlich mit seinem Handy rumgespielt (was regelwidrig ist). Und die (Lehrerin) hat nichts gemacht, nur weggeschaut.

LEHRER: *Ja, das verstehe ich. Was hätte sie denn tun sollen?*

SCHÜLER: Ihn strafen, schlechte Note geben, rausschmeißen, was weiß ich. Alles Mögliche, aber nicht nichts tun!

LEHRER: Also einfach was tun?

SCHÜLER: Ja genau.

LEHRER: *Ehrlich gesagt, strafen gefällt mir nicht so, für mich fühlt sich das abwertend und verletzend an. Was meinst du: Hätte es genügt, wenn sie gesagt hätte: »Semi, die Regel heißt: Keine Handys im Unterricht. Tu das weg!«*

SCHÜLER: Ja, genau. Aber halt nicht rumstehen und nett grinsen.

Wird der Regelverstoß entdeckt, verlangt dies Konsequenzen, die umso ausgeprägter sind, je heftiger das anomische Verhalten ist. Eine hochgezogene Augenbraue oder ein kurzer Verweis sind bereits Interventionen. Allerdings zählen bei vielen Jungen erst handlungsorientierte, also spürbare Konsequenzen (z. B. nach vorne umsetzen oder vorübergehender Entzug des Mobiltelefons).

Selbstverständlich gehört es mit zur anomischen Kommunikation, unangenehme Konsequenzen strategisch abzuwehren, viele Jungen sind darin sehr geschickt. Generell zählen bloße Ermahnungen in der anomischen Bilanz von Jungen oft nicht, sondern sind Punktgewinne, wie auch das Abmildern einer Handlungskonsequenz zur Ermahnung. Solche Punktgewinne führen bei Lehrkräften zu einem Verlust von Glaubwürdigkeit.

Fallgeschichte aus einem Gymnasium:
Ein Fall von Jungen-Anomie

Fünf Jungen, die alle in dasselbe Gymnasium gehen, treffen sich am Samstagabend und trinken reichlich Bier. Zu vorgerückter Stunde kommen sie aufgrund ihres Alkoholpegels auf die Idee, es ihrer Schule und den bescheuerten Lehrern richtig heimzuzahlen. Einer der Jungen ist in der Graffiti-Szene und hat wie immer Farbspraydosen dabei. Warum nicht ein paar Botschaften am Schulgebäude hinterlassen? Gesagt, getan: »Das (Schulname)-Gymnasium ist (übler Kraftausdruck)! Herr (Name des Lehrers) ist schwul! Frau (Name der Lehrerin) – wir kriegen Sie!«

Durch einen Zufall wurde die Sache von einem Lehrer bereits am Sonntag entdeckt und fotografiert, der Hausmeister überpinselte die besprühte Wand am frühen Montagmorgen, sodass andere Schüler und auch die meisten Lehrer nichts davon sahen. Dennoch waren Schulleitung und Lehrkräfte empört. Es war klar, dass das nur Schüler gemacht haben konnten, und es begann die Suche nach den Tätern – mehrere Tage erfolglos. Weil der Druck größer wurde, die Jungen nicht wussten, ob alle dichthalten und weil sich das schlechte Gewissen meldete, stellten sich die Jugendlichen am Ende der Woche selbst beim Rektor. Sie entschuldigten sich und erklärten sich zur Wiedergutmachung bereit. Das wurde von der Schulleitung zwar gewürdigt, dennoch erhielten alle sofortigen Unterrichtsausschluss.

Die Schulkonferenz tagte, mit knapper Mehrheit wurde beschlossen, dass die Jungen nicht von der Schule gehen mussten, sondern eine Chance bekommen sollten. Die bestand u. a. darin, dass sie mit den persönlich genannten Lehrkräften Wiedergutmachungsleistungen aushandelten, den finanziellen Schaden beglichen und dem Hausmeister zur Hand gingen, um seinen Einsatz am frühen Morgen auszugleichen. Statt Beziehungsabbruch hat die Schule also auf Beziehungsintensivierung gesetzt, und das war der Schlüssel zum Erfolg.

Mit einem der Schüler sprach ich Jahre nach dem Vorfall, er erzählte mir, dass mit der Lehrerin durch das Aushandeln und erledigen dieser Wiedergutmachung – sie bestand in der Hilfe bei der Gartenarbeit – eine wirklich gute Beziehung entstand, so gut, dass die Lehrerin die Missetäter nach der Aktion zum Grillen einlud: Es war wirklich wiedergutgemacht! Zwei Jahre später legten alle beteiligten Jungen das Abitur ab.

4.7 Kämpfen im Guten: Assertive Aggression

Alexander aus der sechsten Klasse beschwert sich, dass man in der Schule nichts darf, was Spaß macht: »Schneebälle darf man nicht werfen – also die Lehrer finden es nicht toll, weil, da könnten kleine Steinchen drin sein.« »Würdet ihr denn gerne?« »Ja! Macht schon Spaß!«

Auffallendes Merkmal in vielen Beschreibungen von Jungen ist die Lust an Wettbewerben und auch am körperlichen Kämpfen. In Metastudien ist dieses Geschlechtsmerkmal ausgeprägt nachgewiesen: »Jungen sind aggressiver« (Hattie 2013, S. 90). Bei kleineren Jungs geht es dabei ums Balgen, Raufen, wildes Toben, bei älteren auch um verbales Kräftemessen, Prahlen, Imponieren oder Beeindrucken mit Schimpfworten. Es trifft nie auf alle Jungen zu, aber markiert eine oft deutliche Tendenz. Bei vielen Jungen ist das akzentuiert vorhandene Interesse an »Spaßkämpfen« ein Merkmal, das Jungen von Mädchen zumindest tendenziell unterscheidet,

Wettkampf mit Kooperation: »Monstertruck«
Jeweils zwei Jungen stellen sich Rücken an Rücken und fassen gebückt mit einer Hand neben ihren Beinen und mit einer zwischen ihren Beinen durch. Dabei fassen sie die Hände des anderen Jungen. Nun sind sie zu einem »Monstertruck« zusammengekoppelt. Dann geht es in den Wettkampf: Die Paare treten als Monstertrucks gegeneinander an und müssen dabei die Rennstrecke gemeinsam zurücklegen, ohne sich loszulassen. Das Team, das zuerst die Ziellinie überfährt, hat gewonnen. (Varianten: als Verfolgungsjagd mit etwas Vorsprung; als Staffellauf zweier Teams)

Diese Formen des Rangelns werden »assertive«, also selbstbehauptende Aggression genannt. Sie sind nicht auf Schädigung oder Verletzung angelegt und nicht feindselig inspiriert, sondern spielerisch motiviert – eine Wettkampfaggression der Konkurrenz, bei der es um Kräftemessen und Imponiergehabe geht (Bischof-Köhler 2011, S. 118). Im Gegensatz zu anderen Formen der Aggression kommt die assertive Form überwiegend bei Jungen vor und regt sich wechselseitig an. Jungen verhalten sich vor allem anderen Jungen gegenüber draufgängerischer (Hadjar u. a. 2015, S. 107), in einer Art Rückkoppelung werden Jungen durch andere Jungen zu höheren Aktivitätsniveaus und Rivalitäten stimuliert (Maccoby 2000, S. 131).

Spielkämpfe unter Jungen sind charakteristisch, ein Merkmal männlicher Paare oder Gruppen. Im Vordergrund stehen Begeisterung, positive Affekte und Enthusiasmus – also keineswegs Verletzungen, Ängste oder Unterlegenheitsgefühle. Solche assertiven Wettkämpfe unter Jungen setzen Kooperation voraus, sie werden abgestimmt und geregelt. Auch wenn Spaßkämpfe auf den ersten Blick traditionell männlich im Sinne des Dominanzstrebens scheinen, funktionieren sie nur, wenn »die Einnahme der dominierenden Position häufig wechselt. Das Spiel verliert sonst seinen Reiz und wird beendet« (Richartz 2015, S. 167).

In Spaßkämpfen spüren sich Jungen körperlich. Sie lernen ihre Grenzen kennen, handeln Regeln aus und erwerben Risikokompetenz. Nicht zuletzt scheint sich die Möglichkeit, auch kultivierte Formen assertiver Aggression leben zu können, positiv auf die Motivation bei Jungen auszuwirken (Hascher u. Hagenauer 2011, S. 302).

Die Aufmerksamkeit der fünften Klasse lässt allmählich nach, es bilden sich erste Unruheherde bei den Jungen. Herr Seibert klatscht dreimal in die Hände: »So, wir haben Bewegung verdient, alle aufstehen und strecken, gähnen, ihr könnt dabei auch ächzen und stöhnen.« Danach folgen eine Balanceübung (stehen auf einem Bein, das andere bis zum Knie anziehen), eine »Mir-doch-egal-Übung« (Schultern heben und fallenlassen) und eine Runde »Körperabstauben« (den ganzen Körper von unten nach oben abklopfen). Dann setzen sich alle wieder, und es geht konzentriert weiter.

Jungen müssen es lernen, sich kognitiv und konzentriert zu beschäftigen. Andererseits sind ihre körperlichen Bedürfnisse berechtigt. Wer vorher oder andernorts den Körper vernachlässigen musste, hat ein höheres Bewegungsbedürfnis. Der Aktionswunsch will über den Körper ins Leben. Schulische Aufgaben werten viele Jungen nicht als Handeln, sondern als Trockenübungen. Da für ihre Bedürfnisse zu wenig gemacht und bewegt wird, ist Schule in den Augen vieler Jungen eine Spielwiese, kein Ernstfall. Statuskämpfe mit anderen Jungen oder Konflikte mit Lehrerinnen sind dagegen Ernstfälle mit Erlebniswert – ein durchaus verständlicher Schritt aus der Enttäuschung ihres Bedürfnisses nach Handeln.

Schule steht der assertiven Aggression von Jungen meistens kritisch gegenüber. Jede noch so kleine Schulhofrangelei, jedes harmlose Handtuchkämpfchen im Schwimmbad wird unter Gewaltverdacht gestellt und muss unverzüglich unterbunden werden. Ohne dass es Streit gibt, werden Streitschlichter mobilisiert, die Lust am Spaßkampf wird wegmoralisiert. Sicher sollen Jungen lernen, dass Schlagen keine Lösung von Konflikten darstellt, und bei Gewalt muss man intervenieren. Aber es geht genau um diesen Unterschied zwischen assertiver Aggression als Spaß- und Selbstbehauptungskampf und Gewalt. Jungen haben Anspruch auf Lebenswelten, in denen zwischen verschiedenen Formen der Aggression differenziert wird und wo Jungen (und Mädchen), die das möchten, auch die Möglichkeit erhalten, ihre gewünschten Formen assertiver Aggression zu leben. Die Erfahrung zeigt, dass dann die Bedürfnisse kultiviert und kanalisiert werden; ältere Jungen schauen milde auf die Kleinen herab, die gerne raufen.

Praktische Hinweise für die Aggressionskultivierung

Ziel in der Jungenbildung ist es, assertive Aggressionen zu kultivieren, nicht, sie zu verbieten.

- Aggressionskultivierung gestaltet sich in unterschiedlichen Altersphasen verschieden.
- Schulen bieten Raum für assertive Aggression – im übertragenen Sinne (Zeit für auch körperliche Konfliktklärungen, Angebote im Unterricht und außerhalb) und auch konkret: Toberäume, Zeiten in der Turnhalle, in denen die Schüler kontrolliert balgen können.
- Jungen müssen nicht kämpfen! Aber für Jungen (und Mädchen), die Lust am Kämpfen haben, bietet die Schule proaktiv (alternative) Kampfangebote an: verschiedene spielerische Kämpfe, fairer Kampf als Ritual, Angebot von Schaumstoffschlägern (Batakas).
- Neben der Kultivierung der Aggressionsabfuhr übers Kämpfen geht es auch um die Vermittlung alternativer Umgangsformen mit Aggression: Aggressionen wahrnehmen, sie aber nicht ausagieren – z. B. dreimal durchatmen, sie einfach innerlich abklingen lassen …

Handschub: Eine Paarübung zu fairem Wettkampf und Bewegung

Die Teilnehmer stehen sich im Abstand von ca. 50 bis 100 cm gegenüber, die Beine geschlossen, die Füße stehen parallel nebeneinander. Die Handflächen werden etwa auf Kopfhöhe gegen die Handflächen des Gegenübers gelegt.

Dann sollen die Teilnehmer in eine Balance kommen, sich aufeinander stützen, aber so, dass dies möglichst wenig Kraftaufwand bedeutet – wie eine Waage. Die Balance eine Zeit halten, dann kommt die zweite Phase: die Handflächen bleiben beieinander, können aber abgesenkt und aufeinandergelegt werden; dann in eine Schrittstellung gehen, den Druck erhöhen und versuchen, den Partner mit Kraft wegzudrücken und wegzuschieben (die Leitung kann hier unterstützen und sagen, dass es dabei ruhig laut zugehen kann).

Danach auf Ansage die Kraft langsam wieder zurücknehmen, ohne dass der Partner umfällt (!), weniger drücken, dann die Beine wieder parallel, die Hände in Kopfhöhe, in die Balance kommen, ausbalancieren. Kurz nachspüren, dann die Balance langsam auflösen.

Sich beim Partner bedanken und kurz auswerten: Was habe ich erlebt? Dann Partnerwechsel, noch einen oder zwei weitere Durchgänge.

5 Risiken, Nebenwirkungen und Ausblicke

Problemthemen von Jungen sind nicht das, was den bewussten Alltag von Jungen bestimmt: Sie nehmen die Welt so, wie sie sie vorfinden und entwickeln sich in sie hinein. Kein Junge vergleicht Notendurchschnitte oder Bildungsstatistiken, um geschlechterbezogene Ungleichheiten oder Benachteiligungen zu entdecken. Problemlagen von Jungen sind in erster Linie Probleme der Erwachsenen mit Jungen. Wo Jungen keine Probleme sehen (wollen), erkennen Erwachsene das Gelingende nicht mehr, dann wächst das Risiko des Kontaktverlusts. Viele Jungen sind im Grad ihres Männlichseins ja ganz in Ordnung, sie bewegen sich in einem Korridor des Gelingens zwischen zu viel und zu wenig männlich. Die professionelle Wahrnehmung ist eher auf Verhalten von Jungen justiert, die ihr Männliches nicht angemessen zeigen. So wird die glückende Normalität des Jungeseins vom Männlichen getrennt.

Probleme von Jungen werden aus dieser Perspektive verallgemeinert, Gelingendes dagegen individualisert. »Die Jungen sind immer so laut. Aber der Sebastian ist ein ganz ruhiger; und der Paul hält sich ja auch zurück.« Wenn man das Jungesein so reduziert, wird es an sich zum Problem – eine verzerrte Realität. Die Motivation zur Jungenbildung ergibt sich für Jungen aus ihrem Nutzen und aus dem, was sie davon haben oder sich versprechen.

Das Arbeiten mit Jungen kann ihrerseits zu Gleichmacherei und Re-Stereotypisierung führen – besonders, wenn der Eindruck entsteht, »die« Jungen zu kennen und zu wissen, was »sie« brauchen. Vorsicht und Selbstreflexion sind angebracht. Kollegiale Beratung, Intervision, Supervision und der fachliche Austausch mit Kolleginnen und Kollegen helfen, den von Geschlechterstereotypen getrübten Blick zu klären.

Wenn wir die Merkmale der Geschlechter betrachten, denken wir traditionell in Differenzen. Nach wie vor ist die Idee einer binären Geschlechterunterscheidung tief in der Gesellschaft, ihren Institutionen, in Personen verwurzelt, auch bei Lehrkräften. Und wer mit Jungen arbeitet – vor allem, wenn Jungen unter sich sind –, ist schnell dabei, Mädchenverhalten abzuwerten: (»Zickereien«, Kichern, Empfindlichkeiten usw.), um das erwünschte

Jungenverhalten zu beschreiben oder um das Männliche aufzuwerten.

Mit ihrem Verhalten sorgen Jungen dafür, dass sie nicht übersehen werden. Das ist gut so. Aber lassen Sie uns vor lauter Jungen die Mädchen nicht vergessen! Jungen sind nicht wichtiger als Mädchen, auch nicht, wenn sie in der Schule tendenziell auffälliger sind. Viele Aspekte einer guten Schule für Jungen tragen dazu bei, dass auch Mädchen profitieren. Dennoch ist die Mädchenperspektive etwas Eigenes, das ebenso viel Raum und Engagement braucht wie die Perspektive der Jungen.

Und zum Schluss: So ein *Spickzettel* ist ein kleines, überschaubares Extrakt, notwendigerweise komprimiert und ausschnitthaft. Für eine hochwertige pädagogische Arbeit kann dies nicht genügen. Lernen und bilden Sie sich in den für Sie geeigneten Formen weiter!

Sie haben gemerkt, dass hinter dem Jungenthema doch einiges steckt, was Sie brauchen können? Sie fühlen sich informiert, aber auch weiter interessiert, sind vielleicht sogar angefixt, die Jungensache anzugehen?

Tauschen Sie sich mit anderen aus, entwickeln Sie Konzepte, sammeln Sie Erfahrungen! Bilden Sie doch eine

»Fachgruppe Jungen« an Ihrer Schule! Bilden Sie sich weiter über Lektüre (s. u.) oder über Spiele zum Rangeln und Raufen. Führen Sie regelmäßige »Jungenkonferenzen« ein (und parallel natürlich auch »Mädchenkonferenzen«).

Sie haben gemerkt: Jungen in der Schule zu fördern ist nicht kompliziert und auch nichts Großartiges. Es sind kleine und oft feine Veränderungen, die Jungen und ihren Lehrkräften das Leben leichter machen. Entscheidend ist die Praxis: Jungenbildung und -förderung bedeutet Handeln. Deshalb gilt es, jetzt tatsächlich damit zu beginnen.

Literatur

Verwendete und weiterführende Literatur

Baar, R. u. a. (2012): Genderkompetenz statt Quote! In: K. Hurrelmann u. T. Schultz (Hrsg.): Jungen als Bildungsverlierer. Brauchen wir eine Männerquote in Kitas und Schulen? Weinheim/Basel (Beltz), S. 102–124.

Bischof-Köhler, D. (2011): Von Natur aus anders. Die Psychologie der Geschlechtsunterschiede. Stuttgart (Kohlhammer).

Blomberg, C. (2017): Jungenförderung in der Schule. Monoedukation als Lösung für ein umstrittenes Problem? Opladen/Berlin/Toronto (Barbara Budrich).

Brandes, H. u. a. (2015): Spielt das Geschlecht eine Rolle? Erziehungsverhalten männlicher und weiblicher Fachkräfte in Kindertagesstätten. Kurzfassung der Ergebnisse der »Tandem-Studie«. Berlin (Bundesministerium für Familie, Senioren, Frauen und Jugend).

Hartley, B. L. a. R. M. Sutton (2013): A Stereotype Threat Account of Boys' Academic Underachievement. *Child Development* 84 (5): 1716–1733.

Hascher, T. u. G. Hagenauer (2011): Wohlbefinden und Emotionen in der Schule. In: A. Hadjar (Hrsg.): Geschlechtsspezifische Bildungsungleichheiten. Wiesbaden (VS Verlag), S. 285–309.

Ley, M. (2012): Geschlechterordnung als institutionelle Abwehr. In: V. Moser u. B. Rendtorff (Hrsg.): Riskante Leben? Geschlechterordnungen in der Reflexiven Moderne. Jahrbuch Frauen und

Geschlechterforschung in der Erziehungswissenschaft. Opladen/Berlin/Toronto (Barbara Budrich), S. 117–130.

Lupatsch, J. u. A. Hadjar (2011): Determinanten des Geschlechterunterschieds im Schulerfolg. In: A. Hadjar (Hrsg.): Geschlechtsspezifische Bildungsungleichheiten. Wiesbaden (VS), S. 177–202.

Maccoby, E. E. (2000): Psychologie der Geschlechter. Sexuelle Identität in den verschiedenen Lebensphasen. Stuttgart (Klett-Cotta).

Reichenbach, R. (2011): Pädagogische Autorität. Macht und Vertrauen in der Erziehung. Stuttgart (Kohlhammer).

Richartz, A. (2015): Raufen und Toben – Was Spielkämpfen ist und wozu es dient. In: C. Blomberg u. N. Neuber (Hrsg.): Männliche Selbstvergewisserung im Sport. Wiesbaden (Springer VS), S. 165–184.

Schmitz, S. (2009): Geschlecht zwischen Determination und Konstruktion: Auseinandersetzung mit biologischen und neurowissenschaftlichen Ansätzen. *Enzyklopädie Erziehungswissenschaft Online* Weinheim/München (Juventa).

Stamm, M. (2009): Underachievement von Jungen in der Schule. In: J. Budde u. I. Mammes (Hrsg.): Jungenforschung empirisch. Zwischen Schule, männlichem Habitus und Peerkultur. Wiesbaden (VS), S. 131–148.

Winter, R. (2014): Jungen. Eine Gebrauchsanweisung. Jungen verstehen und unterstützen. Weinheim/Basel (Beltz).

Winter, R. (2017): Jungen brauchen klare Ansagen. Ein Ratgeber für Kindheit, Schule und die wilden Jahre. Weinheim/Basel (Beltz).

Winter, R. (2018): Wie Jungen Schule schaffen. Ein Ratgeber für Eltern. Weinheim/Basel (Beltz).

Praktisches, Spiele und Übungen

Boldt, U. (2004): Ich bin froh, dass ich ein Junge bin. Materialien zur Jungenarbeit in der Schule. Hohengehren (Schneider).

Neuber, N. (2009): Supermann kann Seilchen springen. Bewegung, Spiel und Sport mit Jungen. Dortmund (Borgmann Media).

Riederle, J. (2003): Kampfesspiele machen Spaß und unterstützen Jungen in ihrer persönlichen Entwicklung. Schwerte (Gewalt Akademie Villigst).

Riederle, J. (2011): Kampfesspiele unterstützen Jungen in ihrer persönlichen Entwicklung und machen Spaß, Bd. 2. Schwerte (Gewalt Akademie Villigst).

Winter, R. (2018): Praxisbuch Jungen in der Schule. Pädagogische Handlungsmöglichkeiten für Lehrerinnen und Lehrer. Weinheim/Basel (Beltz).

Über den Autor

Reinhard Winter, Dr. rer. soc., Dipl.-Päd.; tätig in der Leitung des Sozialwissenschaftlichen Instituts Tübingen (SOWIT), Lehrbeauftragter an Hochschulen in Zürich, St. Gallen, Basel und Tübingen.

Arbeitsschwerpunkte: Jungenpädagogik, Jungen- und Männergesundheit, pädagogische Autorität; Praxisbegleitung und -evaluierung, Arbeit mit Jungen, Eltern und Menschen, die mit Jungen arbeiten; Beratung von Schulen, Schulträgern und sozialen Einrichtungen.

Reinhard Winter zählt zu den bekanntesten Autoren zu Jungen- und Männerthemen und hat Fachbücher und -aufsätze sowie mehrere Elternratgeber zu Themen der Jungenerziehung und zu Familienfragen geschrieben.

Kontakt: *www.sowit.de*

Stephanie Harkcom

Unterrichtsstörungen meistern

Reframing im Klassenzimmer

91 Seiten, Kt, 2017
ISBN 978-3-8497-0199-4

Provozierendes Verhalten von Schülern gehört für Lehrer heute zum Unterrichtsalltag und fordert sie immer wieder aufs Neue heraus. Mehr oder weniger beherrschte Reaktionen auf Unterrichtsstörungen kosten Pädagogen viel Kraft. Der Wunsch nach einem Patentrezept ist nachvollziehbar, für Stephanie Harkcom aber kein geeigneter Lösungsansatz.

Die Autorin stellt Lehrern eine Methode vor, die einer inneren Umprogrammierung ähnelt. Als „Reframing" bekannt, handelt es sich dabei um eine systemische Intervention, die ihnen hilft, ihre eigene Perspektive nachhaltig zu verändern. Dadurch eröffnen sich Lehrern und Erziehern alternative Handlungsoptionen, was sich spürbar entlastend auswirkt.

Mit praktischen Beispielen aus dem Schulalltag sowie Reflexions- und Selbstübungen führt die Autorin an die Methode heran und gibt Anregungen für die Arbeit im Klassenzimmer. Schaubilder und Cartoons erklären das Vermittelte auch visuell.

Carl-Auer Verlag • www.carl-auer.de